中华精神家园

文化遗迹

王朝遗韵

历代都城与王城遗址

肖东发 主编　冯化志 编著

中国出版集团
现代出版社

图书在版编目（CIP）数据

王朝遗韵：历代都城与王城遗址 / 冯化志编著. —
北京：现代出版社，2014.5（2021.7重印）
ISBN 978-7-5143-2360-3

Ⅰ. ①王… Ⅱ. ①冯… Ⅲ. ①都城（遗址）—介绍—
中国 Ⅳ. ①K878

中国版本图书馆CIP数据核字(2014)第086314号

王朝遗韵：历代都城与王城遗址

主　　编：肖东发
作　　者：冯化志
责任编辑：王敬一
出版发行：现代出版社
通信地址：北京市定安门外安华里504号
邮政编码：100011
电　　话：010-64267325 64245264（传真）
网　　址：www.1980xd.com
电子邮箱：xiandai@cnpitc.com.cn
印　　刷：三河市嵩川印刷有限公司
开　　本：710mm×1000mm　1/16
印　　张：11
版　　次：2015年4月第1版　2021年7月第3次印刷
书　　号：ISBN 978-7-5143-2360-3
定　　价：40.00元

党的十八大报告指出："文化是民族的血脉，是人民的精神家园。全面建成小康社会，实现中华民族伟大复兴，必须推动社会主义文化大发展大繁荣，兴起社会主义文化建设新高潮，提高国家文化软实力，发挥文化引领风尚、教育人民、服务社会、推动发展的作用。"

我国经过改革开放的历程，推进了民族振兴、国家富强、人民幸福的中国梦，推进了伟大复兴的历史进程。文化是立国之根，实现中国梦也是我国文化实现伟大复兴的过程，并最终体现为文化的发展繁荣。习近平指出，博大精深的中国优秀传统文化是我们在世界文化激荡中站稳脚跟的根基。中华文化源远流长，积淀着中华民族最深层的精神追求，代表着中华民族独特的精神标识，为中华民族生生不息、发展壮大提供了丰厚滋养。我们要认识中华文化的独特创造、价值理念、鲜明特色，增强文化自信和价值自信。

如今，我们正处在改革开放攻坚和经济发展的转型时期，面对世界各国形形色色的文化现象，面对各种眼花缭乱的现代传媒，我们要坚持文化自信，古为今用、洋为中用、推陈出新，有鉴别地加以对待，有扬弃地予以继承，传承和升华中华优秀传统文化，发展中国特色社会主义文化，增强国家文化软实力。

浩浩历史长河，熊熊文明薪火，中华文化源远流长，滚滚黄河、滔滔长江，是最直接的源头，这两大文化浪涛经过千百年冲刷洗礼和不断交流、融合以及沉淀，最终形成了求同存异、兼收并蓄的辉煌灿烂的中华文明，也是世界上唯一绵延不绝而从没中断的古老文化，并始终充满了生机与活力。

中华文化曾是东方文化摇篮，也是推动世界文明不断前行的动力之一。早在500年前，中华文化的四大发明催生了欧洲文艺复兴运动和地理大发现。中国四大发明先后传到西方，对于促进西方工业社会的形成和发展，曾起到了重要作用。

中华文化的力量，已经深深熔铸到我们的生命力、创造力和凝聚力中，是我们民族的基因。中华民族的精神，也已深深植根于绵延数千年的优秀文化传统之中，是我们的精神家园。

总之，中华文化博大精深，是中国各族人民五千年来创造、传承下来的物质文明和精神文明的总和，其内容包罗万象，浩若星汉，具有很强的文化纵深，蕴含丰富宝藏。我们要实现中华文化伟大复兴，首先要站在传统文化前沿，薪火相传，一脉相承，弘扬和发展五千年来优秀的、光明的、先进的、科学的、文明的和自豪的文化现象，融合古今中外一切文化精华，构建具有中国特色的现代民族文化，向世界和未来展示中华民族的文化力量、文化价值、文化形态与文化风采。

为此，在有关专家指导下，我们收集整理了大量古今资料和最新研究成果，特别编撰了本套大型书系。主要包括独具特色的语言文字、浩如烟海的文化典籍、名扬世界的科技工艺、异彩纷呈的文学艺术、充满智慧的中国哲学、完备而深刻的伦理道德、古风古韵的建筑遗存、深具内涵的自然名胜、悠久传承的历史文明，还有各具特色又相互交融的地域文化和民族文化等，充分显示了中华民族的厚重文化底蕴和强大民族凝聚力，具有极强的系统性、广博性和规模性。

本套书系的特点是全景展现，纵横捭阖，内容采取讲故事的方式进行叙述，语言通俗，明白晓畅，图文并茂，形象直观，古风古韵，格调高雅，具有很强的可读性、欣赏性、知识性和延伸性，能够让广大读者全面接触和感受中国文化的丰富内涵，增强中华儿女民族自尊心和文化自豪感，并能很好继承和弘扬中国文化，创造未来中国特色的先进民族文化。

2014年4月18日

先秦时期——古城遗址

中古时期——王朝遗梦

隋唐以后——古都遗影

古城遗址

先秦时期指秦朝以前的历史时代，起自远古人类产生时期，至公元前221年，秦始皇灭六国为止。经历了三皇五帝、夏、商、西周，以及春秋、战国等历史阶段。

在长达1800多年的历史中，中华民族的祖先创造了光辉灿烂的历史文明，尤其是各个王都、国都纷纷在各地建立，主要有尧王城、偃师二里头夏都城、安阳殷墟、东周王城、曲阜鲁国故城、赵王城、燕下都等，为后世留下了丰富的历史遗存。

东方太阳城的尧王城

尧王城遗址位于山东省日照市境内，是大汶口文化和龙山文化时期的都城，是当时亚洲最大的都城，也是4000多年前的山东龙山文化时期最大的都城。

山东省日照市天台山主峰面临大海，环绕在群山之中，山峦起伏，郁郁葱葱，山下河流交错，稻田纵横。

尧王井

尧王城遗址就在天台山下，中心部分高出周围地面四五米，从古至今一直被称为“尧王城”。尧王城属特大或超大型都城，其陶片分布面积约360万平方米。

尧王城遗址文化层厚度一般为两三米，最

大汶口文化彩陶

厚处可达6米。地层堆积以龙山文化层为主，兼有大汶口、岳石、商、周、汉等时代。

尧王城遗址共有墓葬13座，房址26座，器物窖穴5个，遗址中有器物400余件，其中有6座保留完整的房址。

从遗址中这些完整的房址来看，房屋平面基本为方形，面积约为15平方米至25平方米，居住面墙基、灶址、门道等保存较好，门多面南偏西，个别门面西偏南。

尧王城遗址的房屋建筑有三种形式：一为立柱式，二为土台式，三为土坯式。

立柱式房屋发现于文化层最底层，在原始土层上面建筑。房屋四周有若干个不规则的柱洞，四角有粗而深的大柱洞，大柱洞有的直径达0.7米，深度达近0.9米。

大汶口文化 为公元前4200年至前2600年的我国新石器时代后期父系氏族社会的典型文化形态。以泰山地区为中心，东起黄海之滨，西到鲁西平原东部，北至渤海南岸，南及今安徽淮北一带，河南省也有少部分这类遗存的发现。因首先发现于大汶口，遂把以大汶口遗址大汶口文化遗存为代表的一类遗存，命名为“大汶口文化”。

龙山文化 泛指我国黄河中下游地区约为新石器时代晚期的一类文化遗存。铜石并用时代文化，因首次发现于山东历城龙山镇而得名，距今约4600年至4000年。分布于黄河中下游的山东、河南、山西、陕西等省。

而在大柱洞的外侧另有一小斜柱洞，是为了支撑大木柱而立的小木柱，柱洞底部用黏泥和碎陶片隔层垫成并砸实，有的多达10多层，这种房屋面积一般为15平方米。

土台式房屋建筑，需要先在建房范围内把松软的土层挖掉，用黏土层层铺垫，有的将层层铺垫的黏土夯实，有的将层层铺垫的黏土用火烘烤。从铺垫的厚度看，一般达0.5米以上，有的达1米左右。然后在铺垫好的平台上再挖槽筑地基，地基多用黏泥筑成。

土坯式房屋建筑，它的墙基、地面均用规整的土坯砌成，墙基为两行错缝平垒，地面为横竖错缝平铺，坯与坯之间以及墙都用黑黏泥抹。

土台式和土坯式建筑形式的房屋地基处都发现有奠基石。有的在门一侧立一块，有的在门两侧各立一块，距今4000多年前建筑奠基可谓当今城乡大型建筑工程奠基之源头。

龙山玉器

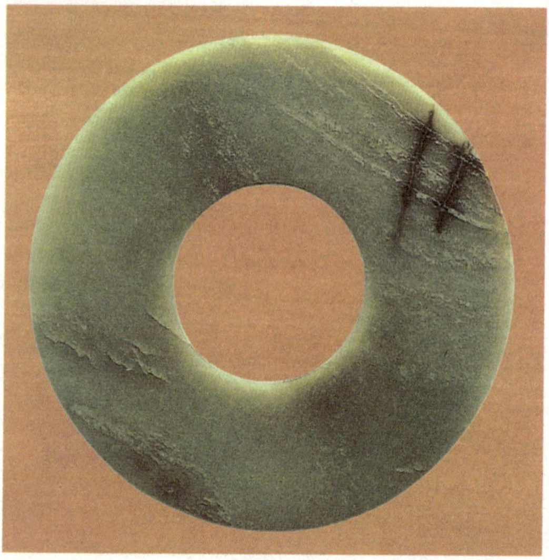

尧王城遗址发掘发现的土台式、土坯式建筑形式和建设奠基，是全国龙山文化时期的首次发现。距今4000多年前的原始社会，造房不仅规划总局十分考究，而且房屋建造具有十分突出的特色、风格和技术，这对研究我国建筑形式、技术的继承与发

龙山文化时期的白陶鬶

展，研究我国建筑史提供了宝贵的资料，具有十分重要的意义。

遗址出土的遗物有陶器、石器、玉器等。陶器有泥质和夹砂黑陶、灰陶、红陶、白陶等，其中红陶和白陶器物仅见于鬶。陶器的主要器类有鼎、鬶、罐、盘、杯、盆、器盖、纺轮、镞、网坠等。

陶器多饰有弦纹、附加堆纹、乳钉纹、划纹等，并普遍采用快轮轮制而成。陶器中以火候高、陶质硬、陶胎薄、有黑亮光泽的蛋壳陶最为精致，代表了这一文化的高超制作技术。

彩陶的发现，填补了日照市及鲁东南沿海龙山文化陶器的空白。特别是在龙山文化大口尊陶片上发现的陶文极为重要，对研究我国文字起源提供了极宝贵的实物资料。

尧王城遗址中发现有炭化水稻的颗粒，这在当时是唯一发现龙山文化时期人工栽培水稻的实物证据。

陶文 古人在陶器上刻画的文字符号，较有名的如半坡陶符、丁公陶文、高邮陶文等，另有学者指出陶文可能比甲骨文更早而成为中国最早的文字。陶文有两种：第一种是新石器时代陶器上的“原始文字”；第二种是战国时代陶器上的文字，一般只有几个字，大多是印文。

龙山时期蚌镞

另外，尧王城遗址的城址、图像文字和青铜冶炼的铜渣，是山东地区最先步入文明社会的标志。尧王城一带有都城、邑城等大量分散的聚落，是一个强大的崇拜太阳神的文明古国。

尧王城遗址彩陶的出现，则填补了黑陶文化没有彩陶的空白。

墓葬的葬俗独具特色，在墓主人周围镶陶片构成方形墓框的现象是非常少见的。

尧王城遗址出土的墓葬的头像都朝着南部的天台山方向。说明尧王城古国是一个崇拜太阳的古国，是我国远古太阳文化起源地，是世界五大太阳崇拜起源地之一。

而据《山海经》和《尚书·尧典》中记载，我国远古先民羲和祭祀太阳神的汤谷即旸谷就在日照地区。而农历“二月二，龙抬头”传说是尧王的诞辰，日照尧王城遗址如今都举行纪念活动，来传承、发扬尧王文化，祈求风调雨顺、幸福平安。

阅读链接

1977年，山东省政府公布尧王城遗址为第一批重点文物保护单位。1978年至1979年，因为修路，文物工作者对该遗址的东沿进行了小部分抢救性发掘，揭露面积约300平方米，出土器物近200件。

1992年至1993年，经国家文物局批准，中国社会科学院考古研究所主持与日照市文化局、市博物馆联合对“尧王城遗址”进行了两次大规模考古发掘。

2006年，经国务院核定公布，尧王城遗址为全国重点文物保护单位。

第一王都的偃师二里头

二里头遗址位于伊水、洛水之间的河南省偃师市翟镇镇二里头村，是我国古代夏王朝的一座都城遗址，堪称“华夏第一王都”。伊、洛二水都是中华文明中著名的两条河流，其间流淌的都是中华文明的历史。

传说很早以前，有莘氏女采桑于伊川，得婴儿于空桑之中，那孩子自己说他母亲孕于伊水之滨，梦神告诉母亲：“臼水出而东走。”

二里头遗址

二里头文化玉钺

母亲睁开眼就见臼水出来了，告诉邻居们快走，大家走远了，回头再看村子已经被水淹没。他母亲化为空桑树，自己就在其桑树中了。莘氏女收养了婴儿，长大后非常有贤德，称之伊尹。

洛水悠悠，弥漫神秘色彩。周公制礼作乐大功告成后，曾率群臣在洛水边摆曲水之宴。他让群臣沿水边席地而坐，将叫作觞的木质酒具放入水中，任其漂浮。觞在何处羁绊打旋，离它最近的人就要饮酒一杯。“滥觞”一词就源于此。

二里头遗址兴盛时期的年代为公元前21世纪至公元前16世纪的夏文化时期。是当时我国乃至东亚地区最大的聚落，它拥有我国最早的宫殿建筑群、最早的青铜礼器群及青铜冶铸作坊，是我国最早的王国都城遗址。

聚落 人类各种形式的聚居地的总称。它不单是房屋建筑的集合体，还包括与居住直接有关的其他生活设施和生产设施，一般可将聚落分为乡村和城市两大类。聚落作为人类适应、利用自然的产物，是人类文明的结晶。聚落的外部形态、组合类型无不深深打上了当地地理环境的烙印。

二里头遗址对研究华夏文明的渊源、国家的兴起、城市的起源、王都建设、王宫定制等重大问题均有重要的参考价值。二里头遗址包含的文化遗存上自距今5000年左右的仰韶文化和龙山文化，下至东周、东汉时期。

二里头发现的主要遗迹宫城遗址，位于二里头遗址中东部，平面略呈长方形，东西宽近300米，南北长360米至370米，面积达10.8万平方米，四周有墙，墙宽2米，残高0.1米至0.75米。

墙外有环城大路，宫城内发现两组排列有序的宫殿建筑群，分别以一号宫殿、二号宫殿为核心，并有明确的中轴线。

一号宫殿基址面积达1万平方米，正殿居基址中北部，四周有回廊；正殿之南为庭院，过庭院为面阔八间的大门。

二号宫殿建筑基址早于一号宫殿基址百年左右，是最早的宫殿建筑基址。

同时，二里头遗址内的墓葬有几十座和手工业作坊，包括铸铜、制玉、制石、制骨、制陶等作坊遗址。二里头宫城距今已有3600多年，可视为以后历代宫城的祖源。

二里头遗址的绿松石器制造作坊中有一件大型绿松石龙形器，器物全长超过70厘米，头宽15厘米，身宽4厘米，由2000余片形状各异的细小绿松石片粘嵌于有机物上，组成龙身和图案，每片绿松石很小。

绿松石龙形体长大，巨头蜷尾，龙身曲伏有致，形象生动传神。龙头略呈浅浮雕状，为扁圆形巨首，鼻、眼则充填以白玉和绿松石。

在龙山时代至二里头时代的贵族墓葬中都有大量的绿松石片，这些绿松石片原

琮、圭、璋 均是我国古代用于祭祀的玉器。琮为玉质筒状物；圭为长条形，上端作三角形，下端正方；璋形状如同半个圭。《周礼·春官·大宗伯》记载“以玉作六器，以礼天地四方：以苍璧礼天，以黄琮礼地，以青圭礼东方，以赤璋礼南方，以白琥礼西方，以玄璜礼北方”。

洛水 指我国河南省洛阳市的洛河。传说有神龟出于洛水，其甲壳上有图像，结构是戴九履一，左三右七，二四为肩，六八为足，以五居中，五方白圈皆阳数，四隅黑点为阴数。称为洛书，古称龟书。

绿松石 我国“四大名玉”之一，自新石器时代以后历代文物中均有不少绿松石制品，是有着悠久历史和丰富资源的传统玉石。古人称其为“碧甸子”“青琅玕”等，因其天然产出常为结核状、球状，色如松树之绿，因而被称为“绿松石”。

青铜器三足鼎

来均可能粘嵌于有机物上，而现在无法辨认。因此，这一绿松石龙形器的发现弥足珍贵。

龙形器的用工之巨、制作之精、体量之大，在我国早期龙形象文物中，具有极高的历史、艺术与科学价值。为中华民族的龙图腾找到了最直接、最正统的根源。

二里头遗址发现的双轮车辙，证明距今3700年左右，我国已有了双轮车。而二里头的青铜器是我国最早的一批青铜器，也是世界上最早的青铜器。

二里头遗址晚期的文化层还有大量的玉制品，有琮、圭、璋等礼器。陶制品则更多，有陶塑的龟、猪、羊头以及陶器上刻画的一头二身龙蛇纹、龟纹和人物形象。这都反映了夏代文化艺术的发展，同时也反映了古代洛阳人民的聪明智慧。二里头遗址，让夏朝从传说中走了出来，成为信史。

阅读链接

二里头遗址被学术界公认为最引人瞩目的古文化遗址之一。早在1899年和1928年，由于甲骨文的发现和安阳殷墟的发掘，证实了殷商的存在。由此，20世纪50年代考古界提出了夏文化探索的课题。

1959年，我国著名考古学家徐旭生先生率队在豫西进行“夏墟”调查时，发现了二里头遗址，此后，经考古工作者对二里头遗址数十次的考古发掘，取得了一系列重大收获。从此拉开了夏文化考古探索的序幕。

1977年，夏鼐先生根据新的考古成果，建议考古界将其主要阶段命名为“二里头文化”。

武汉城市之根的盘龙城

长江流域第一古城——商代盘龙城遗址，是与河南安阳商城媲美的长江文明的摇篮。盘龙湖位于汉口北郊，千余亩水面拥抱着盘龙古城。3500年前，交通主要靠水路，而盘龙城正好通过盘龙湖沟通江河，成为我国联通南北、纵横东西的“九省通衢”。

盘龙城遗址出土的青铜俑

正是这一优势，加之面对着广袤富庶的江汉平原，盘龙城这座商代长江流域的政治、经济、文化和军事中心便应运而生。

盘龙城遗址是商代前期城市遗址，位于湖北省武汉市黄陂区叶店

盘龙城遗址出土的玉刀

乡杨家湾盘龙湖畔。城址兴建年代约在公元前15世纪，相当于商代二里岗期。

盘龙城遗址为研究商代的政治、经济和文化提供了宝贵的实物资料。

对于研究南方商代文化面貌、城市的布局与性质、宫殿的形制及建筑技术，都具有重要的价值。

盘龙城遗址南临府河，北靠盘龙湖畔，建于水滨的高丘上，南北长290米，东西宽260米，周长1.1千米，整个遗址的面积约1000平方米，遗址距今约3500多年，上限相当于二里头文化晚期，下限相当于殷墟早期。

台基 建筑用语，即台的基座，又称基座。在建筑物中，系高出地面的建筑物底座。用以承托建筑物，并使其防潮、防腐，同时可弥补我国古建筑单体建筑不甚高大雄伟的欠缺。大致有四种：普通台基、较高台基、更高台基和最高台基。其中最高台基常用于最高级建筑，如故宫三大殿和山东曲阜孔庙大成殿，即耸立在最高级台基上。

盘龙城遗址的城内仅有宫殿，整座城坐落在遗址的东南部，平面近方形，城墙是夯筑的，四面各有一个缺口，可能是城门。城墙分段版筑，分主城墙和护城坡。

城墙南部和北部发现有壕沟遗迹。城内东北部发现大型宫殿建筑夯土台基，西南部为一片洼地，未见遗迹。

城内东北部有宫殿建筑，在东西60米，南北100

米的夯土台基上，建筑基址分上下两层，依南北中轴线筑起3座坐北朝南、前后并列的大型建筑，方向同城垣一致。其中两座在同一中轴线上，保存有较完整的墙基、柱础、柱子洞和阶前的散水。

盘龙城遗址出土的陶器

前面的一座宫殿是不分室的通体大厅堂，平面呈长方形，上面建有四间横列的居室。各室都在南壁中间开一门，中间两室又在北壁偏东处开一后门。

室外沿排列43个大檐柱穴，每个柱穴底置有巨形石础，穴外两侧有两个小柱洞。台基四周略倾斜，上铺碎陶片，作为散水。整个基址可复原为一座周围有回廊，中央为四室的高台寝殿建筑。

后面一座位于前面建筑之南约13米，平面呈长方形，基址四边有前后左右对称的大檐柱穴27个。是四周有回廊、中间分为四室的寝殿，是

盘龙城遗址出土的陶器

饕餮 我国古代传说中龙的第五子，是一种想象中的神秘怪兽。古书《山海经》介绍其特点是：羊身，眼睛在腋下，虎齿人爪，有一个大头和一张大嘴。十分贪吃，见到什么就吃什么，由于吃得太多，最后被撑死。后来形容贪婪之人叫“饕餮”。

重檐四阿顶式建筑。这座建筑西侧台基下有一排陶质水管道，宫殿中间未见隔墙，可复原为一座大空间的厅堂，与前面的宫殿基址形成前朝后寝的格局。

盘龙城遗址的城外有约100万平方米的商代遗址。遗址的南面是居民点和手工业作坊，民居为单体地面建筑和半地穴式简易窝棚。手工作坊有多处，一般为酿酒、制陶、冶炼遗址。

城外有平民居址、手工作坊遗址及墓地等。主要分布在：城外西面的楼子湾，北面的杨家湾、杨家咀，东面的李家咀，南面的王家咀。其中李家咀遗址面积约10万平方米，文化层厚约1米，是贵族墓的主要集中地。

盘龙城遗址出土的青铜器

经过考古发掘，共发掘30多座，大致可分3类：

甲种墓，已发现4座，墓室面积在10平方米以上，均为长方形土坑竖穴，有棺、椁。椁板外壁雕刻精细的饕餮花纹，内侧涂朱漆。椁外有殉人。墓底设“腰坑”，随葬有成套的青铜礼器、玉器和陶器。这类墓主的身份应为显贵阶层。

乙种墓，已发现 8座，为长方形土坑竖穴，长2米，宽1米左右，有棺、椁和腰

盘龙城遗址出土的青铜面具

坑。葬式多仰身直肢。随葬品有青铜礼器和武器、工具、印纹硬陶器、原始瓷器，但未见殉人。这类墓葬应属下层贵族。

丙种墓，为平民墓，形制与乙种墓近似，墓室窄小，面积在 1平方米左右。仅有单薄木棺，无腰坑，随葬品以陶器为主。

墓葬中有数百件青铜器、陶器、玉器、石器和骨器等遗物，制作精美，花纹别致，特别是出土的铜圆鼎、铜锁、铜提梁卣和玉戈等，都是我国罕见的珍品。

李家咀一带分布有大型墓葬，一座贵族墓中使用了雕花木椁，随葬品有青铜器、玉器、漆器、陶器等，还有3名随葬的奴隶。墓中青铜器共63件，分为礼器、兵器和生产工具三大类。

其中一件青铜鼎，高达0.55米，仅次于郑州出土

礼器 礼器是陈设在宗庙或者宫殿中的器物，贵族在举行祭祀、朝聘、宴飨以及各种典礼仪式上使用，除此之外，礼器还用来显示使用者的身份和等级以及权力。我国最早的礼器出现在夏商周时期，主要以青铜制品为主。

青铜大钺

的王室大方鼎。兵器有戈、矛、钺、斧、镞等，有一件青铜大钺其上雕饰龙纹，为军事统帅所有。

墓葬的玉器中，还有一件长达0.94米的玉戈，是我国最大的一件商代玉戈。

另外，在杨家湾墓葬中的一尊青铜大圆鼎，高达0.85米，是已发现的我国商代前期最大的圆鼎。

王家咀发现的高达1米的大陶缸，也是商代陶器之精品，显示了精湛的制陶工艺水准。

盘龙城遗址是武汉地区生产力和社会文明发展进程的见证，城内外的遗迹遗物，明显反映了奴隶社会的阶级分野。

它对推动整个华中地区经济文化的发展与交流，促进中原与南方各民族之间的相互了解与融合，具有不可低估的影响，是后来武汉城市文明的源头，被誉为“武汉城市之根”。

阅读链接

1954年盘龙城遗址被发现后，随即于1956年被湖北省政府公布为湖北省文物保护单位。

1974年至1976年，湖北省博物馆在盘龙城遗址设置考古工作站，并建立群众性保护组织，负责文物保护和考古发掘工作。同时，湖北省博物馆与北京大学历史系考古专业合作，进行过两次较大规模的发掘。

1979年以来，湖北省博物馆又进行多次发掘。经过多年的工作，基本上搞清了遗址的分布情况。

商代王国缩影的安阳殷墟

殷墟是发现于河南省安阳市小屯村及其周围的商代后期都城遗址，横跨安阳洹河南北两岸，在商代从盘庚至帝纣，在此建都达273年，是我国历史上可以肯定确切位置的最早都城，距今已有3300多年

安阳殷墟遗址

青铜器 是由青铜，即红铜与锡的合金制成的器具，诞生于人类文明的青铜时代。我国青铜器制作精美，在世界青铜器中堪称艺术价值最高。代表着中国在先秦时期高超的技术与文化。中国的青铜器之乡为宝鸡市，出土了大盂鼎、毛公鼎、散氏盘等5万余件青铜器。我国唯一的青铜器主题博物馆为宝鸡青铜器博物院。

历史。

殷墟遗址的面积超过36平方千米，其中宫殿宗庙遗址、王陵遗址是核心区域，因其大量的甲骨文和青铜器而驰名中外。

商朝在后期叫北蒙，又称殷。周灭殷后，曾封纣王的儿子武庚于此，后因武庚叛乱被杀，殷民迁走，逐渐沦为废墟，故称殷墟。

安阳殷墟遗址具有重要的文化价值。甲骨文的发现和殷墟发掘，确证了我国商王朝的存在，重新构建了我国古代早期历史的框架，使传统文献记载的商代历史成为信史。

在殷墟先后发现了110多座商代宫殿宗庙建筑基址、10多座王陵大墓、洹北商城遗址、2500多座祭祀坑和众多的族邑聚落遗址、家族墓地群、手工业作坊遗址、甲骨窖穴等。

安阳殷墟博物苑

殷墟内有数量惊人的甲骨文、青铜器、玉器、陶器、骨器等精美文物，全面系统地展现出3300多年前我国商代都城的风貌，为这一重要的历史提供了坚实证据。

殷墟宫殿宗庙遗址位于安阳洹河南岸的小屯村、花园庄一带，是商王处理政务和居住的场所，有宫殿宗庙建筑基址80多座。

鼎 西周的用鼎制度相当严格。按照礼制规定：天子九鼎，“诸侯七、大夫五、元士三”。臣下越制便被视为大逆不道。周天子所用的九鼎，代表着天下冀、兖、青、徐、扬、荆、豫、梁、雍九州。九鼎，是中央政权的象征。国都在哪里，九鼎就安置在哪里，所以我国古代把定都称为“定鼎”，把建立政权称为“问鼎”。

这些宫殿宗庙建筑，以黄土、木料为主要建筑材料，其建筑多坐落于厚实高大的夯土台基上，房架多用木柱支撑，墙用夯土筑成，屋顶覆以茅草，造型庄重肃穆、质朴典雅，具有浓郁的我国宫殿建筑特色，代表了我国古代早期宫殿建筑的先进水平。

在侯家庄武官村发现了世界闻名的后母戊鼎。它是商后期约公元前14世纪至公元前11世纪铸品，此鼎器形庞大浑厚，其腹部铸有“后母戊”3个字，是商王祖庚或祖甲为祭祀其母所铸。

后母戊鼎身呈长方形，口沿很厚，轮廓方直，显现出不可动摇的气势。鼎形制雄伟，是我国最大最重的青铜器。

后母戊鼎四足中空，除鼎身四面中央是无纹饰的长方形素面外，其余各处皆有纹饰。在后母戊鼎细密的云雷纹之上，各部分主纹饰各具形态。鼎身四面在

殷墟遗址甲古文拓片石碑

方形素面周围以饕餮为主要纹饰，四面交接处，则饰以扉棱，扉棱之上为牛首，下为饕餮。

后母戊鼎耳外廓有两只猛虎，虎口相对，口含人头。耳侧以鱼纹为饰。4只鼎足的纹饰也匠心独具，在3道弦纹之上各施以兽面。

据考证，后母戊鼎应是商王室重器，其造型、纹饰、工艺均达到极高的水平。是商代青铜文化顶峰时期的代表作。

后母戊鼎的提手文饰同样精美。两只龙虎张开巨口，含着一个人头，后世演变成“二龙戏珠”的吉祥图案。一般认为，这种艺术表现的是大自然和神的威慑力。

后母戊鼎的鼎身和鼎足为整体铸成，鼎耳是在鼎身铸好后再装上浇铸的。

金石文化 也就是对古器物的研究，从我国的北宋开始，已经有1000多年的历史了。“金”就是铜的意思，铜器，有铭文，上面有字的铜器；“石”多半指的是石刻，有文字的石刻。然后在这些有文字的铜器和石刻上，依据材料，来核对古代的经济、古代的史书，发现、纠正问题。

我国是世界上出土和保存青铜器最为丰富的国

家，而丰镐地区又是国内出土青铜器最多的地区之一。后母戊鼎充分显示出商代青铜铸造业的生产规模和技术水平，是我国金石文化中的精品。

殷墟的宫殿宗庙遗址，有著名的小屯南地甲骨窖穴、妇好墓、花园庄东地甲骨窖穴等。

殷墟发现的甲骨窖穴共有甲骨15万多片。最著名的有甲骨窖穴、小屯南地甲骨窖穴、花园庄东地甲骨窖穴。

小屯南地甲骨窖穴位于小屯村南部，共有刻辞甲骨5000余片。花园庄东地甲骨窖穴位于宫殿宗庙遗址东南部，共有甲骨1583片，其中刻辞甲骨500余片。

这些甲骨的内容极为丰富，包括祭祀、攻猎、农业、天文、军事等，涉及商代社会生活的方方面面，为甲骨文和商代历史研究提供了极其宝贵的资料。

妇好 商朝国王武丁的妻子，我国历史上有据可查的第一位女性军事统帅，同时她也是一位杰出的女政治家。她不仅能够率领军队东征西讨为武丁拓展疆土，而且还主持着武丁朝的各种祭祀活动，因此武丁十分喜欢她。

安阳殷墟妇好墓

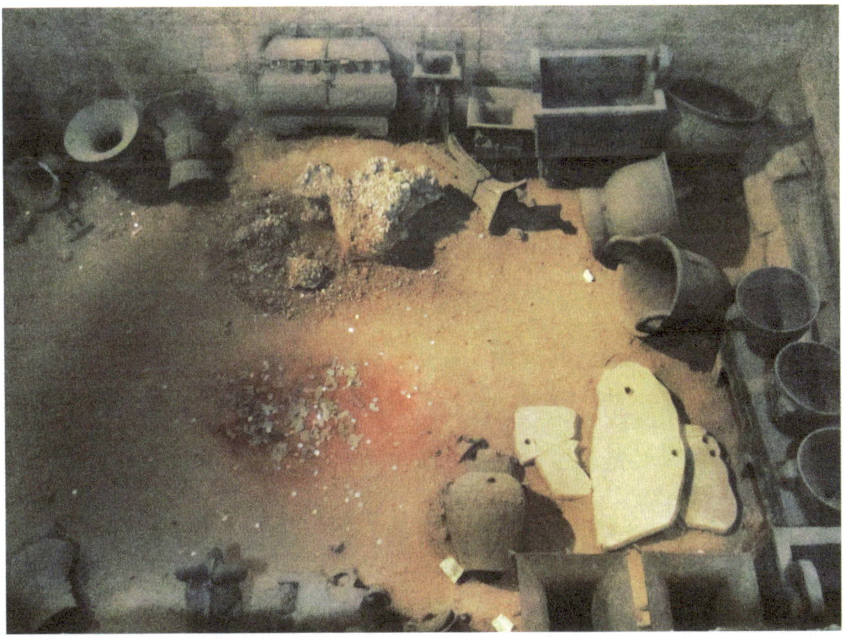

安阳殷墟遗址

在宫殿宗庙遗址的西南两面，有一条人工挖掘成的巨型防御壕沟。东北两端与洹河的河曲相通，将宫殿宗庙遗址环抱中间，构成了严密的防洪、防御体系，与宫殿宗庙浑然一体，起到了类似宫城的作用。

殷墟有宫殿宗庙区、王陵区和众多族邑聚落遗址、一般墓葬区、手工业作坊区、平民居住区和奴隶居住区、家族墓地群、甲骨窖穴、铸铜遗址、制玉作坊、制骨作坊等众多遗迹，是我国历史上第一个有文献可考，并为甲骨文所证实的古代都城遗址。

戍嗣子鼎 圆形、口沿两直耳，三蹄足。颈部饰兽面纹。其为商代后期器物。器内铭文3行30字，其中合文三。铭文记商某王某年，九月丙午这天，商王在宗庙明堂大室赏赐给戍嗣子鼎贝二十朋，戍嗣子因受荣宠，做了这件祭祀的宝鼎。铭末“犬鱼”就为戍嗣子所属家族的族徽。

古老的洹河水从市中缓缓流过，城市布局严谨合理。其规模、面积、宫殿的宏伟，出土文物的质量之精、之美、之奇、数量之巨，可充分证明它当时不仅是全国，而且是东方政治、经济、文化中心。

在殷墟王陵区1217号大墓东墓道之北，发现甲字形大墓一座，是这一带新发现的殷墟早期墓葬之一，它确立了殷代王陵区的边界。

在高楼庄的后岗祭祀坑，内埋无头人骨架和铜礼器、武器等，其中发现的戍嗣子鼎有铭文30字，在商代铜器研究中具有重要价值，为殷墟出土的殷代铜器铭文最长的一件。

钺 我国古代武器及礼器的一种，为一长柄斧头，重量也较斧更大。早在新石器时代良渚文化遗址中，已发现玉质的钺，在当时具有神圣的象征作用。后因形制沉重，灵活不足，只作为仪仗和持有者权力的表现之用。

殷墟青铜礼器的大量出现，证明我国青铜文化已发展到了最高的阶段。以青铜礼器鼎、簋、觚、爵；兵器戈、矛、钺、刀、镞；工具锛、凿、斧、锯、铲；乐器铙、铃、钲等为代表的殷墟青铜器，形制丰富多样，纹饰繁缛神秘。

层层叠叠的线条把动物形象加以抽象变化，采用极精细的几何纹和深浅凸凹的浮雕，构成形形色色的图案，布局严谨，庄严凝重。

其夸张而神秘的风格，蕴含着深厚粗犷的原始张力和艺术的魅力，反映了殷商先民特有的宗教情感和审美观念。殷墟在青铜冶铸方面辉煌的成就使其成为世界古代青铜文明的中心之一。

殷墟甲骨文

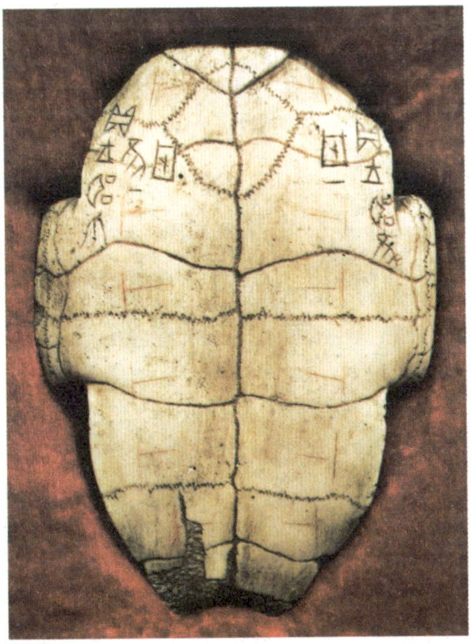

在郭家庄发掘墓葬中发现随葬器物共352件，包括铜、玉、陶、石、骨、牙、竹、漆等器类，其中有盖提梁四足鼎和方形器都是极稀见的器物。大多数铜器上的纹饰华丽繁缛，铸造精致。其上还有族徽铭文。在这个墓中，首次发现了一件圆锥形旧细竹篾编织的小竹篓。发掘殷代车马坑20座，其中大司空村4座，

安阳殷墟车马坑

殷墟西区7座，郭家庄之西南4座，刘家庄北地5座。这些马车遗迹，均是一车两马驾辕。

殷墟不是一座简单的建筑物，它是一座都城。都城是一个国家的政治、经济、军事和文化礼仪中心。它是一个王国的缩影，是其他任何遗产没办法比的。殷墟记载和凝聚着中华民族的历史和风采，商殷先民在创造和传播东方文明中留下了不朽的业绩。

阅读链接

早在1899年，金石学家王懿荣在北京发现中药店中所售龙骨上刻有一些很古老的文字，即甲骨文，意识到这是很珍贵的文物，于是开始重金收购。

在20世纪20年代后期，发掘殷墟，不仅是金石学者的迫切要求，也是我国所有了解殷墟的爱国人士的共同心愿。

于是，在1928年，我国国家学术机构第一次全面负责、开始殷墟考古发掘，这是我国学者独立主持的考古发掘，培养了一批批的考古学者，殷墟也成为我国考古学的摇篮。

至1986年，已经对10多个点进行了20多次的发掘，获得了刻字甲骨约15万片。

2006年，殷墟因具有全球突出普遍价值和良好的管理与展示，在第三十届世界遗产委员会会议上被列入《世界遗产名录》。

秦中最古帝王都丰镐

丰镐遗址位于陕西省长安县马王镇、斗门镇一带的沣河两岸，丰镐是周文王所建丰京和武王所建镐京的合称，丰在河西，镐在河东，总面积超过 10平方千米。年代为公元前11世纪至公元前771年 。

丰镐遗址中的大量青铜器造型精美华丽，上面的铭文记载了西周王朝及方国的一些重要史实，具有极高的历史、艺术和学术价值。

在张家坡、客省庄、马王村、新旺村、沣东花园村、洛水村、普度村等地的丰镐遗址发现了夯土基址、房

■ 周文王 （约前1152年—前1056年），即殷商西伯，又称周侯，姬姓，名昌，黄帝的后裔。传在羑里，即今河南境内根据伏羲氏的研究成果继续演绎易经八卦。积善行仁，政化大行，因崇侯虎向纣王进谗言，而被囚于羑里，后得释归。天下诸侯多归从，其子武王姬发有天下后，追尊他为文王。

■ 周武王（约前1075年—前1043年），姓姬，名发，西周王朝开国君主，周文王次子。他继承父亲遗志，继续任姜尚为国相，以兄弟周公旦为助手，积极筹划灭商事宜。于公元前11世纪灭商朝，夺取全国政权，建立了西周王朝，成为我国历史上的一代明君。死后谥号“武”，史称周武王。

子、制骨作坊、陶窑、灰坑、窖藏坑和墓葬、车马坑等遗迹，为全面认识西周文化的面貌和内涵，确立西周遗址和墓葬的分期奠定了基础。

丰京也称丰邑，周文王伐崇侯虎后自岐地迁到这里，即今客省庄村北至海家坡一线，南到石榴村至鲁坡头，面积 8平方千米至10平方千米，是一处南北狭长、四面环水、相对密闭的地区。

在这个区域内，西周遗址和墓葬比较密集。位于丰京东北部的客省庄、马王村是一片濒临沣河的高地，有西周大型夯土基址14处。夯土基址建筑群的西部还发现几处西周贵族居址。

丰京南部的新旺村、冯村也是一片较为平坦的高地，发现有西周窖藏青铜器，可能也是丰京内西周重要贵族的居址。位于丰京西北部的张家坡岗地，东西约600米，南北约400米，西周初期作居址使用，西周早期以后，成为丰京区域内最大的一处公共墓地。

镐京位于沣河东岸，商周时期的西北界临沣水，东界古潏水，南近洨河，也是一处四面环水、相对密闭的地区。由于遭到汉代上林苑、昆明池的破坏，范围和总体布局不很明晰。

但是，汉昆明池以北的斗门镇、花园村、上泉村、下泉村、普度村、洛水村、白家庄等地西周遗迹很丰富，总面积约5000平方米，可能是镐京的中心区域。

花楼子村与洛水村之间，在北临沣河的高阳原较低的阶地上曾发现10处西周夯土建筑。在洛水村西和普度村北还发现有制陶作坊遗址和大型夯土基址，斗门镇则发现西周窖穴、灰坑和大批窖藏青铜器。

另外，在花园村北至普度村东高地上，在约 5万平方米的范围内，有数百座西周墓葬和车马坑，并发现了长由盉、禽鼎、方鼎、簋、伯姜鼎等。

花楼子村与洛水村之间一号建筑基址东西长45米，南北宽25米，也是一座面南坐北的高台建筑。

这些建筑基址中发现大量瓦、白灰面墙皮、红烧土块和残破的陶器。而在建筑群体的周围发现有西周时期道路、小面积池沼、用陶管铺设的排水设施，周围有大量周瓦残片。

小型房屋均是地穴或半地穴式，平面呈长方形、方形、圆形或椭圆形，面积一般10平方米左右，有一条坡形或阶梯状的通道将住室分成两半，屋内有灶

伯姜鼎 伯姜是舜臣子伯夷的别称。伯夷姓姜，能明礼仪以佐尧舜，因用以代称名门望族。伯姜鼎通高0.23米，口径0.19米，重3.2千克。窄沿方唇，口沿上一对立耳，下腹向外倾垂，底微圈，下有三条上粗下细的柱足。颈部饰弦纹一道。内壁铸铭文64字。

西周墙盘

公卿 是三公九卿的简称，“三公”是我国古代最尊贵的3个官职的合称，指司马、司徒、司空，或太傅、太师、太保，汉朝时丞相、御史大夫和太尉也被称为三公。“卿”也是高级官员，九卿并不一定是9个人，只是说明官职完备。

坑，早期的居住面比较平整且经火焙烧。

房屋附近常有窖穴、灰坑、水井等。窖穴为圆形袋状，底较平，灰坑多椭圆形，底不平。那时有很多的窖穴和灰坑也会被当作房屋使用。水井有圆形和长方形两类，井壁有对称的脚窝，井深9米以上。

遗址中发现陶窑20余座，分为横式窑和竖式窑两类，窑室都呈圆拱形。比如洛水村的陶窑为竖式窑，火膛位于窑室下面，窑箅上有数个圆孔形的火道。客省庄的陶窑为横式窑，火膛位于窑室的前方，是一个筒状的甬道，窑室周壁有环形的火道和一条分火道。

丰镐遗址的千余座西周墓葬分为3类：

第一类为带墓道的大墓，包括带一条墓道的甲字形大墓和带两条墓道的中字形大墓。如在张家坡的3座大、中型墓，其中一座墓葬是有两条墓道的“中”字形大墓，墓中的铜器有井叔铭文，可能是井叔的墓葬，位于其两侧的是井叔妻室的墓。这类大墓的周围多有数座车马坑、马坑陪葬，墓葬的主人应为京城范围之内的公卿或侯伯，张家坡墓地中几代井叔的墓葬都属此类。

青铜器兽面纹簋

第二类为土坑竖穴墓，数量最多。早期墓坑狭长，有腰坑，晚期墓坑宽短，很少见到腰坑。中型墓有青铜礼器、兵器、

工具、车马器、玉石和漆器，少数有殉人。

第三类为偏洞洞室墓，有土坑竖穴墓道，在一侧挖出偏洞墓室。这种墓数量比较少，其形制反映出西周文化与甘青地区青铜文化的密切关系。西周多为仰身直肢葬，头向不固定，随葬品一般放在头前两层台上。早期大、中型墓中有殉人。

西周兽面纹鼎

发现的墓葬及附葬的车马坑、马坑和牛坑约400座。其中除少数出自普度村外，其余均在张家坡及客省庄。墓葬多为长方形，流行单人仰身直肢葬，也有少数为俯身直肢葬，头向不固定。随葬品多放在头前、棺内或棺椁之间，兵器放身旁，祭食放在头前二层台上或容器内。早期墓有殉人，一般一人，多则3人。

车马坑有方形、扇形、长方形3种。前两种都埋一车两马，长方形竖穴中埋两车4马、两车6马或3车8马。车厢下常有殉人；马坑多长方形竖穴，内埋马两匹；牛坑为圆形或长方形，内埋牛一头。

张家坡西周墓地发现有几座墓葬聚葬现象，或墓葬并列，或头头相对，或头足相对，或呈方折形排列。这些墓葬规模相近，随葬器物组合相仿，墓主可能是同一家族成员。张家坡车马坑形状有方形、扇

青铜文化 考古学上以使用青铜器为标志的人类文化发展的一个阶段，又称青铜时代或青铜器时代。我国青铜文化，历史悠久，是世界文化宝库中的精华。我国的青铜文化起源于黄河流域，始于公元前21世纪，止于公元前5世纪，经历了约1600年，大体上与文献记载的夏、商、西周至春秋时期的时间相当。

饕餮纹方鼎

形、长方形3种，一般是一车二马或四车八马，大都有一名殉葬舆夫。

丰镐遗址有大量的石器、玉器、陶器、铜器和骨、角、蚌制品以及原始的瓷器和装饰品。其中斧、锛、凿、锤、铲、镰、刀等生产工具，多为石质或蚌质，铜铲仅发现一件；而生活用具多为陶质。

铜礼器一般在窖藏和墓葬，如陕西省长安普度村西周墓长由盉。鼓腹，束颈，口微外侈，分裆柱足，管状流，长舌兽首鋬。盖钮做半环状，盖与器鋬有链条相接。器颈和盖沿均饰以云雷纹填底的窃曲纹，腹部饰双线V形纹，流饰三角雷纹。

这些铜器大都发现在居住遗址或其附近，同一个窖内出土的铜器有的非一家所做，少数年代较早，大都是西周中晚期的器物，大概是由于西周末年犬戎之乱时埋入地下的，对于探索丰镐两京的布局和西周历史的研究都是极为重要的材料。

阅读链接

早在1933年、1943年，考古工作者就已先后两次沿沣河进行过考古调查。从30年代开始至50年代初期，重点调查了沣河流域水系、地貌及西周遗址分布情况，大体确定了丰、镐两京的方位。

1951年，中国科学院考古研究所专门设立丰镐考古工作队，长期开展西周丰、镐两京的考古调查和发掘工作。考古工作进入第二阶段。

从20世纪80年代初至今，主要是对丰镐遗址的全面普探、重点发掘阶段。

“天子”代表的东周王城

东周王城遗址位于河南省洛阳市王城公园一带。东周王城遗址是我国城市文明的重大发现，展现了周代政治、经济、文化和整个历史发展过程。

“天子驾六”保存之完好、规模之宏大，在世界上独一无二。残留有墨书“天子”字迹的石圭以及刻有“王作宝尊彝”铭文的青铜器

天子驾六车马坑

等都备受瞩目。

公元前770年，周平王东迁洛邑，建都于东周王城。由平王至景王及后来的赧王，先后有25位周王在此执政达500余年之久。在近3个世纪里，这里一直是全国政治、经济、文化、交通的中心。

《管子·乘马篇》说：

> 凡立国都，非于大山之上，必于广川之中，高毋近旱而水用足，下毋近水而沟防省……

郑樵《通志》又说：

> 建邦设郡，皆凭险阻。山川者，天之险也；城池者，人之阻也；城池必以山川为固……

《管子》 我国战国时各学派的言论汇编，内容很庞杂，包括法家、儒家、道家、阴阳家、名家、兵家和农家的观点，传说是春秋时期政治家管仲的著作。现在版本的《管子》是在西汉时由刘向编定的，原有86篇，现只有76篇。

天子驾六车马文物

从东周王城周围的地理环境分析，其选址恰好符合上述要求，足见设计建造者之用心。周的王都背靠邙山、黄河，面对伊阙，并且扼嵩岳、三涂之险；西依崤函，出潼关可达关中沃野；东面是虎牢，至荥阳后毗连着黄淮平原；四塞险固，中有伊、洛、瀍、涧四水。

傅毅在《洛都赋》中赞美它：

青铜器

披昆仑之洪流，据伊洛之双川；挟成皋之严阻，扶二崤之崇山。

《洛都赋》真实地描绘了洛邑山川地理的雄险。

东周王城遗址北依邙山，南临洛河，平面大体呈正方形。西北角在今东干沟村北，东北角在今洛阳火车站东，西南角在今兴隆寨村西北，东南城角被洛河冲毁。

五女冢村附近地势较高，城墙遗迹保存较好，地面上仍能看到残存的东周王城城墙。整个王城周长约15千米。

东周王城核心建筑物宫殿群落位于城内的西南角

傅毅 东汉时期辞赋家。字武仲。扶风茂陵，即今陕西兴平东北人。因为明帝求贤无诚意，士多隐居，而作《七激》以讽谏。章帝时，广招文学之士，任他为兰台令史，拜郎中，与班固、贾逵共典校书。后被聘为军司马。

大型车马坑

上，而不是中心部位。大致范围在洛阳市涧东路以西、凯旋路以南的城内，甚至包括城外的部分区域。这个范围内，先后有多处大型建筑群基址被发现。

在东周王城遗址西北部有东周时期烧制陶器的场所，可能是手工业作坊区；在城址西南部有东周的夯土基址，推测可能与当时的宫殿建筑有关。

同时，在城外还发现了大型的礼制或者馆驿性质的建筑遗迹。在西南角建筑群基址东侧共有粮窖80余座，是王城遗址里的仓窖区。

城内西北隅是规模很大的手工业作坊区，有制陶的窑场，还有制骨、制玉、制石器的作坊，之外也发现了制造铜器的陶范，意味着制铜作坊的存在。

在王城遗址西南隅南墙外，发现战国晚期高规格大型建筑基址一处。

东周王陵应分为王城陵区、金村陵区、周山陵区三个陵区。在小屯村东北有5座大型战国墓葬，其中

铭文 又称金文、钟鼎文，指铸刻在青铜器物上的文字。其与甲骨文同样为我国的一种古老文字，是华夏文明的瑰宝。铭文本指古人在青铜礼器上加铸铭文以记铸造该器的缘由、所纪念或祭祀的人物等，后来就泛指在各类器物上特意留下的记录该器物制作的时间、地点、工匠姓名、作坊名称等的文字。

一号墓中的一件石圭上残留有墨书“天子”字迹。

另外，这里还有竖穴土坑墓7座，存两件意义非同寻常的青铜器，一件为鬶，一件为鼎，两件器物上都有“王作宝尊彝”的铭文。

东周王陵有18座车马坑，在该车马坑内共清理出马车26辆、马70匹，其中一辆马车前面，对称摆放着6匹马的骨骸，天子驾六是我国古代礼制的一种行为，指皇帝级别的六匹马拉的两辆马车，印证了古文献当中“天子驾六”的记述。

虽然经过了近3000年历史，车辕、车身构件以及马的骨骼清晰可见，“天子驾六”堪为“东周瑰宝，举世无双”。

东周王城遗址中有大量的珍贵器物，其中有的器物制作极为精美，如错金银的鼎、敦、壶等铜礼器，透雕龙虎大玉璧，错金银狩猎纹铜镜，以及铜和银的人物像等，均为十分难得的艺术珍品。

阅读链接

20世纪50年代初，中国科学院考古研究所为寻找东周王城的踪迹，根据文献记载，在今洛阳市王城公园一带、涧河两岸进行了大规模的考古调查和发掘工作，并在涧河东岸的小屯村发现了汉河南县城遗址，这拉开了东周王城大规模考古发现的序幕。

由于汉河南县城与东周王城之间存在着沿袭关系，于是考古工作者就以汉河南县城城址为基点，很快在其外围找到了沉睡地下2000多年的东周王城遗址，进而摸清了东周王城的具体位置、布局和范围。

此后，考古工作中又多次在此区域有重要发现，特别是后来在王城东部发现了大型车马坑和大型墓葬，揭开了东周王城陵区之谜，为了解东周王城的全貌提供了新的珍贵资料。

春秋都邑的河北代王城

代王城遗址位于河北省蔚县城东偏南的代王城镇政府所在地周围，为春秋至汉时期的遗址。城郭筑于公元前11世纪至公元前256年的周朝，现有城墙遗址。代王城城址平面呈椭圆形，这种平面形状在汉代城址中极为少见，为汉代城市重要的实物。

河北蔚县海拔高度900多米，古城址以南为东西横亘的恒山余脉，古称“飞孤关隘”，地势险要，成为古城的一道天然屏障。

河北蔚县遗址

代国是商王汤所封，代王城于春秋时为代国都城，秦、汉时期为代郡。春秋末，赵襄子北伐夏屋诱代王，命令一个厨人拿着铜斗击杀了代王及其随从，赵襄子从而一举平定了代地。代国是最北方的

蔚州古城遗址

诸侯国，甚至比燕国还要靠北。代国北至大漠，南至雁门关，西至黄河，东与燕国接壤，境内有恒山、五台山之险，大约五百里，与匈奴非常接近，所谓“天下用武之地”是也。

代国一向是“胡汉杂居”，人都彪悍尚武，盛产优秀的士兵，也不缺乏马匹，但是因为地处塞外，自然环境恶劣。

明代蔚县人尹耕在《代国考》中，描述了古代王城的概貌：

> 山北之代，始之商汤，历代国之故，齐桓之所服，赵手冀斩并，成安阳所封，公子嘉所奔；赵歇陈余之所。夏说之所守，刘喜之所弃，陈余所监，皆是，所谓蔚之废城也。

代王城遗址北为浅山丘陵区，壶流河由西南向东北绕城流过，古代城就建在壶流河盆地之中，城内有

雁门关 又名西陉关，长城上的重要关隘。相传每年春来，南雁北飞，口衔芦叶，飞到雁门盘旋半晌，直到叶落方可过关。故有“雁门山者，雁飞出其间”的说法。从战国时期的赵武灵王起，历代都把此地看作战略要地。

■古城街道遗址

金波泉、密河二水，均向北流出城外，汇入壶流河，城西部为盐碱滩地，东部城墙内外均为耕地。

代王城、马家寨、北门子、城墙碾四村则坐落在古城遗址之上。古代王城址周长约9.3千米。城垣高3米至12米，城墙均为黄土夯筑，夯层清晰，夯窝密集，个别墙段夯层中砌放有河卵石。

在南墙有马面角台11个，马面角台宽窄不等，一般向外凸出两米左右，墙体内外还遗存有成排的半圆孔。个别孔内还存有腐朽槽木，为筑城时加固墙体结构、增强拉力、防止墙体坍塌所加的木筋痕迹。

城墙夯土层中砌放河卵石，墙体版筑法均有汉代的明显特点，城墙外壁增加向外凸出马面的建筑形式也始于汉代。由此可以推断，古代王城始建于商周时期，重建或兴建应在汉代。正如《蔚州志》记载："板亡自立者，汉筑城。"

马面角台 在我国冷兵器的古代，为了加强城门的防御能力，许多城市设有两道以上的城门，形成"瓮城"，城墙每隔一定的距离就筑有突出的矩形墩台，以利防守者从侧面攻击来袭敌人，这种墩台平面有长方形和半圆形两种，因外观狭长如马面而得名。俗称为"马面"。

代城九门均有含义深刻的名称，其位置及名称分别是，正南荣阳门，东南兴隆门，正东宝源门，东北迎海门，正北富农门、文胜门，西北兴圃门，正西钟秀门，西南崇德门。

现在9门仅存缺口，颓废的城垣仍高高隆起，9门遗址依稀可辨。另外，虽然历史的繁荣早已逝去，但古代国遗迹犹存。诸如："杜家城门""南箭""治沙地”“太子梁”“八圪垯”等。

云纹瓦当

在城内东南部高高隆起的缓坡台地上为宫殿区，面积宏大，城址中部有一汉代大型夯土台基，呈正方形，边长25米，高1米，应为大型建筑基址，传说为代王宫殿遗址。台地西南侧为断崖，遗物十分丰富，残陶片堆积如山，以建筑材料的筒、板瓦最多，生活日用陶器也有一定数量。瓦当有云纹、瑞兽纹、勾连纹、同心弦纹等。

遗物中有罐、盆、瓮、钵、豆、鬲、炭炉等多种器形，个别器物上还带有文字戳记，是当今研究古代国文化的重要实物资料。从大量遗迹、遗物推定，古城在西汉时为繁荣鼎盛时期，东汉之后日趋衰落，到北周时期完全废弃。

在城外分布着众多的汉代封土墓，现存封土堆63座，均是当时王室贵族墓葬。古代城作为代国都邑，郡县治所，为当时的政治、经济、军事、文化中心。

阅读链接

代王城镇对保护管理工作十分重视，2005年成立了文化名镇保护管理机构，并将文化名镇今后的发展，保护管理等工作纳入领导班子的议事日程中。

根据《中华人民共和国城乡规划法》《中华人民共和国文物保护法》，制定了古镇的保护管理实施条例，并聘请河北农大城乡建设学院出台了《代王城历史文化名镇保护规划》，将文物保护纳入城市发展规划中去。

春秋时期齐地的薛城

薛城遗址是我国西周、春秋时期薛国都城遗址，位于山东省滕州市张汪镇与官桥镇之间。夏、商时期的薛都是否在此尚不能肯定。战国初期，齐国灭掉薛国。公元前298年，齐湣王封靖郭君田婴于薛。田婴死后，其子孟尝君田文嗣立。

薛国故城位于薛城区以北，滕州市之南。故城分外城和内

■ 孟尝君田文 战国时齐国贵族，因封于薛地，又称薛公，号孟尝君。门下有食客数千。秦昭王时曾入为秦相，不久逃归，后为齐湣王相国。曾联合韩、魏击败楚、秦。公元前294年因贵族田甲叛乱事，为湣王所疑，谢病归薛，不久出奔至魏，任相国，联合秦、赵与燕共同破齐。

春秋早期单耳云纹酒器

城。外城平面呈不规则形，尤其是北面更严重，总长10千米。大部分城墙在地面上留有残迹。

薛国故城有城墙的夯层。已经探出有大城门6座，南面墙3座，由东到西分别为古午门，大城门，水门，其他三面各一座。形成于战国时期。

内城在大城的东南隅，平面呈不规则的长方形，东墙与南墙较直，和外城城墙合一，西墙和北墙已湮没地下。内城在南、西、北三面各探出一座城门，门道宽8米左右。内城似即西周、春秋的薛城，并一直延续到汉代。

内城北半部和北墙外，有大面积遗址，文化层堆积厚两三米，时代包括龙山文化、岳石文化、商、西周、东周和汉。

外城中部皇殿岗村东一带，有大规模的战国至汉代的冶铁遗址，堆积厚度约1米的地面上暴露出大量的铁矿石、铁渣、已完全氧化的锈铁块、铸范和铁器残片。可辨认的器形有斧、铲、犁、锄等诸多的农具。

皇殿岗村西南有战国、汉代的建筑遗迹，出土“千秋万岁”卷云瓦当和铜兵器。

大城内皇殿岗遗址东的尤楼村东南，即原内城的北门附近，有史籍上多次记载的薛国太庙宗庙，即薛县内奚仲庙一座，现在依然遗存着北大殿台基和残存的东西两座膳房等。

内城东部及东墙内外有大面积西周早期至东周墓地。东门外300米东有前掌大遗址，是商周时期的薛国贵族墓地群，主要集中在村后的河崖头和村前的岗子地。

古城内东北隅的狄庄村北有两座土冢，传为孟尝君父子墓。墓用自然石堆砌成石椁，据《水经注》记载，孟尝君墓为铁铸棺椁，两晋之前就早已被盗一空。这一带曾出土有“薛子仲安”“走马薛仲寺”铭文的铜器。

在一座春秋晚期的九鼎墓中，一椁两棺，椁室北侧殉葬一中年女性，腰坑殉葬一老年男性，椁盖上殉狗一条，随葬品有青铜礼器、兵器、车马器和陶器、海贝等。

古城北门外偏东的京沪铁路旁有战国平原君赵胜的门客毛遂墓地。西周时期，薛城区境内出现奚、常两个城邑。奚邑在今区境北部的奚村一带，常邑在今南常、沙沟一带，二邑隶属薛国。

阅读链接

对于薛国故城冶铁遗址处的皇殿岗高台，历代名人墨客过薛凭吊孟尝君的诗文中，对该处宫殿高台及其周围城池的残垣多有描述与感伤。

曾经身为北宋宋仁宗时代“铁官”的陈洎，专门来考察在秦汉时期专门设置铁官的薛郡薛县，感伤之余，乃作《过田文墓》一诗，以示吊古伤今。

诗中写道：

当年闻奏雍门琴，话著池台泪满襟。

何况今朝陵谷畔，池台无计可追寻。

最久的曲阜鲁国故城

曲阜鲁国故城是周代鲁国都城遗址，在山东省曲阜市。周成王封周公旦的长子伯禽于鲁，并建都于曲阜，至公元前249年鲁亡于楚，历时900余年，先后传25世34君，是周王朝各诸侯国中沿用时间最长的都城。

曲阜鲁国故城

曲阜孔庙石碑

鲁国历经鲁公伯禽、考公酋、炀公熙、幽公宰、魏公晞、厉公擢、献公具、真公濞，一直都是周室中很强盛的藩国，震慑并管理东方，充分发挥了宗邦的作用。此时的鲁国国力之强，使得国人和夷狄之民“莫我敢承”“莫不率从”。

鲁国成为典型周礼的保存者和实施者，世人称“周礼尽在鲁矣”。各国诸侯了解周礼也往往到鲁国学习，鲁国是有名的礼仪之邦。

曲阜鲁国故城分为外城和内城两部分。外城平面呈不规则的圆角长方形，城的四周围有城壕；东、西、北三面各辟城门3座，南面辟有城门2座，门道宽7米至15米。

而南面两座门的外侧有夹门的墩台，应该就是《左传》记载的雉门及其两观。

内城在外城的西南角，平面近方形，东、西、北三面残存地下的城垣宽10米左右。内城的中心有一片高地，是春秋至西汉的鲁王宫殿区和太庙的所在地，宋代在高地建立的周公庙，保存至今。高地的四周分布着衙署、商业区和住宅区。

城内已探出东西和南北的通路各 5条，皆与城门

《左传》 原名为《左氏春秋》，旧时相传是春秋末年左丘明为解释孔子的《春秋》而作，实质上是一部独立撰写的史书。它以《春秋》为本，通过记述春秋时期的具体史实来说明《春秋》的纲目，是儒家重要经典之一。

和重要遗址相通。宫城南有宽约15米的道路通向南墙东门，直指城南的夯筑台基。宫城、南东门、“舞云台”呈直线排列。道路北段两侧各有 3处大致对称的建筑基址，形成鲁城内一条由最重要建筑物构成的中轴线。

这和《周礼·考工记·匠人》所记的国都规划相类，而与其他东周都城不同，可能反映了西周都城的设计思想。

西周前期的遗址多分布在大城西北部，西周晚期扩大到东北部。东周遗存则遍布全城。故城的北部和西部是冶铜、冶铁、制骨、烧陶等手工业作坊遗址，排列十分密集。

大城西部分布 6处西周和东周的墓地，有墓葬 200余座，墓葬可分甲、乙两组，甲组墓几乎都是小型陶

春秋 我国历史阶段之一。公元前770年至公元前403年，我国儒家文化的创始人孔子曾经编了一部记载当时鲁国历史的史书名叫《春秋》，所以后人就将这一历史阶段称为春秋时期，基本上是东周的前半期。

曲阜鲁国故城墙

器墓，乙组墓有小型陶器墓，也有大中型铜器墓。

曲阜故城墓葬中的大型东周墓的墓室面积达一两百平方米。西周、春秋墓的铜器组合和器形与中原地区一致。可能乙组墓是周人墓，甲组墓是土著墓。这两组墓葬和遗址出土的陶器表明鲁文化是融合了周文化和山东商代文化等形成的。

■ 洗 是文房四宝笔、墨、纸、砚之外的一种文房用具，是用来盛水洗笔的器皿，也是历朝皇宫和贵族文人收藏和使用的佳品。洗最早见于西晋青釉制品，敞口、宽折沿、阔腹直壁、平底。洗沿和里心多刻画水波纹。宋代以后均有烧制。如仿古铜器式样的青釉双鱼洗耳恭听、鼓钉洗、圆洗、单柄洗、葵瓣洗、委角洗、蔗段洗耳恭听、莲花洗、桃式洗、叶式洗等。

墓区内存有许多的青铜、陶、骨、蚌等器物，以陶器为主。器形主要有鬲、甑、盆、豆、罐、瓮、钵、盂、盘、鼎、釜、洗、折腹盘等。春秋时期出现盘、盖豆、鼎、釜；战国时期出现洗和折腹盘。

西周、春秋陶器普遍饰绳纹，流行凹弦纹，春秋时出现暗纹。战国时期，绳纹逐渐衰退，暗纹、瓦纹流行。此外发现少量西周的筒瓦、板瓦和大量东周、汉代瓦。汉代瓦当多为卷云纹图瓦当。

曲阜鲁国故城遗址的两座战国时代的大型墓葬中，各发现了一件“痒痒挠”。说明早在2000多年前的战国时代，就已经有“痒痒挠”了。

这两件“痒痒挠”都是用象牙雕刻而成的，前部雕成人手形状，拇指竖直，其余四指并拢弯曲。四指指甲平齐，正好用来挠痒，其柄尾端还雕成兽头状。

这两件“痒痒挠”雕刻得如此精细，既实用又美观，说明“痒痒挠”绝不会是战国时代才发明的。

曲阜故城遗址中的这些随葬品带有商文化和周文化的共同特征，这也证明了周代鲁文化是综合了商文化和周文化等因素而形成的。

阅读链接

新中国成立后，山东省文物管理处多次进行调查。1956年以后成立曲阜县文物管理委员会。1958年山东省文物干部训练班对遗址进行钻探和试掘。

1977年至1978年，山东省博物馆作了详细勘察和发掘，揭示了故城的概貌。

同时，山东省文物管委会就划出重点保护范围和一般保护范围，建立了科学记录档案和群众性的保护组织。

胶东王齐下都的即墨故城

即墨故城又称朱毛城或康王城，位于山东省平度市古岘镇大朱毛村一带，因古墨水河而得名。古即墨城始建于春秋后期，战国时代发展成为齐国东部即今胶东半岛地区的政治、经济、文化中心。

平度市古岘镇风景

即墨是当时齐国仅次于临淄的一大重镇。《史记》中苏秦曾称赞说："齐有琅琊、即墨之饶。"可见当时即墨故城雄伟壮观，富庶繁荣。据《左传·襄公六年》载，"十一月，齐侯灭莱"，乃建此城于原莱国之中，北依群山，南控芥莒。田齐时候建造城邑，封重臣为即墨大夫。

黑陶双耳壶

齐湣王时，燕国大将乐毅破齐70余城，只有莒和即墨久攻不下，齐将田单离开安平，固守即墨，大摆火牛阵在即墨大破燕军，收复了所有齐国的失地。这就是历史上著名的"田单破燕"事件。

秦灭六国后，以即墨城为郡治设胶东郡。楚汉战争中，项羽分齐地为三，迁齐王田市为胶东王，以古即墨城为都，设胶东国。韩信破齐，齐将田既逃离胶东，曹参于此地杀之。汉设即墨县，又继续成为王国都城。

西汉前期三封胶东王，康王刘寄及其子孙传国直至西汉之末。后历东汉、魏晋、十六国，直到556年，即墨废县，该城逐渐倾圮。

596年，隋重设即墨县，移县城于旧不其县境，即今之即墨市区。

现存即墨故城遗址可能是西汉胶东王城，地面有城墙遗存，即墨故城分内城和外城，全为夯土版筑。

内城有金銮殿、点将台、东西仓、贮货湾、养鱼

苏秦 字季子，战国时期周王室直属洛阳人，出身农家，素有大志，曾随鬼谷子学习纵横捭阖之术多年。苏秦最为辉煌的时候是劝说六国国君联合，堪称辞令之精彩者。于是身佩六国相印，进军秦国。后世敬仰其成就，以"苏秦背剑"来命名武术定式，十分形象，通俗易懂，更取其纵横捭阖之义。

池、梳妆楼等遗迹。当时的运粮河也就是现在的小沽河，通过东南城门洞，可直接驶入贮货湾内，至今城墙缺口尚存。

孟姜女 我国古代爱情传说故事中的人物。传说其丈夫为秦始皇修长城多年不归，孟姜女千里送寒衣，得知丈夫死讯痛哭不已，竟然哭倒了长城八百里，后不甘秦始皇的凌辱投海自尽。孟姜女的传说，一直以口头传承的方式在我国民间广为流传。

即墨故城地下一带常发现铜器、铁器等，20世纪早期曾拉出一窟20大车古钱币。

故城墙一带一次发现的“燕明字刀币”达28千克，另有弩机、铜钫、剑、戈、刀、币、铁钱范等。

即墨故城素有“朱毛城，临淄土”之称。传说当年建城墙所有的砖瓦，都是人工从临淄递过来的。当地“二贞庙”“洗心河”等类似孟姜女的传说，反映了当时百姓不堪于苦役的心理。

十八罗汉 指佛教传说中18位永住世间、护持正法的阿罗汉，由十六罗汉加二尊者而来。他们都是历史人物，均为释迦牟尼的弟子。十六罗汉主要流行于唐代，至唐末，开始出现十八罗汉，到宋代时，则盛行十八罗汉了。

即墨故城是历史上不少朝代王、侯的陪都和封地，是胶东名城，在1000多年的时间里。前后共有八王、六侯、一相治此。这些王公贵族的墓群大多都建在距即墨故城10千米左右远的六曲山脉上，形成了一个规模宏大、蔚为壮观的古墓群——六曲山古墓群。

六曲山古墓群东起龙虎山，西至窟窿山，分别在古岘、云山、麻兰镇的10多个村的30余个山头上，共有360余座，绝大部分为汉代墓，其中大型墓20余座，中型墓60余座，其余为小型墓。

燕明字刀币

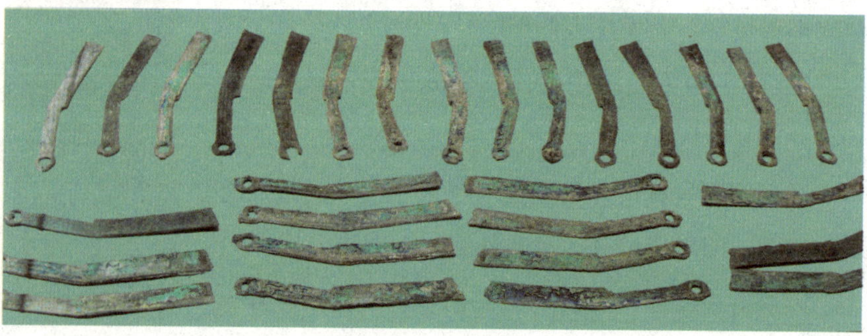

其中最大的是西汉景帝之子康王刘寄的康王坟。康王坟坟头之大，大于山丘，坐落山顶，下部有排水洞，均用石头砌成，其遗墟尚存，整个康王坟占地近2万平方米，整体呈上窄下宽的“凸”字形，坟高40余米。坟头坐落山顶，土质坚硬结实，与自然山头有很大不同，一座康王坟竟大于山丘，足见坟墓之大，地下宝物之丰厚。民间一直有“打开康王坟，山东不受贫”之说。

在康王坟山坡前，修有康陵寺，距今2000多年。1775年清乾隆下令重修，佛殿门前有壮观的大匾，宏伟的大山门，有和尚撞钟的钟楼，有烧香火的香坛。

康陵寺分东西二厢，东厢住和尚，西厢住尼姑。分前后二殿，前殿三间，塑有四大天王、八大金刚像，惟妙惟肖。后殿五间，塑有西天活佛，十八罗汉，形象逼真。此庙兴盛于世，闻名百里，前来降香祈福者众。

阅读链接

刘寄谥号康王，是即墨故城历史上的一个重要人物，曾“私作兵车镞矢，战守备”，谋图配合淮南王叛反，未果，后因此事情伤而死。康王临死之际，在一处山脚下安好墓穴，因为生前他儿子老喜欢照他的话反着做，所以康王反着自己的意思说，我死后葬在山顶上。

不料，刘寄之子为了尽孝心，照康王说的话做了，将他葬于山顶之上。但山顶上很显眼，为了防止后人盗墓，又在其旁筑了很多的大墓，以此混淆真假，当时曾有民谚说：“康王坟、康王坟，离离落落到京门。”

古代著名都会的晋阳古城

晋阳古城遗址位于山西省太原市晋源镇古城营村附近，始建于约公元前497年的春秋中晚期，曾为战国时期赵国都城，历经秦汉、三国、南北朝、隋唐至五代时期，是我国古代北方著名的大都会。

晋阳古城战国时为赵国的都城。晋阳之名始见于《左传·定公十三

晋阳古城建筑

晋阳古城建筑

年》："秋，晋赵鞅入于晋阳以判。"晋阳城从创建之初就已具备"南制诸卿，北伐诸戎"的条件和功能。

晋阳还是北齐时的陪都、北汉的都城、唐代的北京。城址有西城、东城、中城、太原府、晋阳宫城、大明宫城、仓城、罗城等。

三家分晋、西汉戍边、东魏霸府、北齐别都、盛唐肇基、五代战乱，历史上一系列重大事件都和晋阳古城有着密切的关系。

我国春秋末期，晋国的权臣内讧，大夫智伯率领大夫韩康子虔和魏恒子斯围攻赵襄子的封地于晋阳城下，但是始终没有攻下来，于是他们引来晋阳城西南的那条晋水淹了晋阳城。

后来，赵襄子反过来联合韩康子、魏恒子灭掉了智伯，瓜分了晋国的土地，这就是"三家分晋"。分

五代时期 又称"五代十国"，从907年至960年，是我国唐朝灭亡后到北宋建立统一全国前的历史时期。五代有后梁、后唐、后晋、后汉与后周5个朝代。十国是指前蜀、后蜀、吴、南唐、吴越、闽、楚、南汉、南平、北汉等十几个割据的政权。

琉璃 亦称脱蜡琉璃。采用古代青铜脱蜡铸造技术纯手工加工制成，经过10多道手工工艺的精修细磨，在高温1000摄氏度以上的火炉上将水晶琉璃母石熔化后而自然凝聚成高贵华丽、天工自拙的琉璃。其色彩流云溢彩、精美绝伦；品质晶莹剔透，光彩夺目。

别建立赵国、魏国、韩国，与齐、秦、燕、楚并称战国七雄，至此，我国从奴隶社会进入封建社会。

979年，宋朝灭北汉后，宋太宗认为晋阳有王气，因为五代十国大都在山西发迹，晋阳是山西都城，所以先放火烧城，据说烧了3年，继而引汾水灌入，晋阳古城被夷为平地。

晋阳古城遗址内以自然耕地为主，西高东低。晋阳古城营村附近的30余件石刻造像，造型别致；罗城村附近的罗城遗址相传为北汉所建；晋源镇西北古城墙内有大量唐代遗物；南城角村和古城营村一带的古城址相传为大明城，在该地发现建筑基础、砖瓦、琉璃构件和石刻造像。

现存“南城角”村为L形，依古城西南角之势建成。遗存城南墙东西残长626米 ，西墙长约2.7千米，根据夯土的质地、色泽和夯法，认为是东周时期的城墙遗址。

晋阳古城在东魏、北齐以及隋唐时期是它的辉煌时代，盛唐时曾为三京之一。

■ 晋阳古城遗址出土的龙佩

■天龙山石窟

东魏大丞相高欢定晋阳为“霸府”，修建了晋阳宫。到北齐晋阳更是作为别都，竭力营建不已，把春秋末期董安于所筑的“周四里，高四丈”的晋阳城改建成宫城。到北齐后主高纬已建成，史载“七殿，两宫，十二院”的大明宫城，壮丽超过邺城。

大明宫南殿台遗址的南殿台和北殿台地下还有砖砌的地道连通。

西城也叫府城，城墙北段为西晋末年并州刺史刘琨为抵抗匈奴所筑，史称“高四丈，周二十七里”。内城城墙在现古城营村内，它所处的位置应该是大名城东西走向的城墙，也就是说是春秋末期董安于筑的晋阳城南城墙。

遗址分为古城遗址和寺观墓葬遗址两部分。以晋阳古城遗址为中心，周围依山势分布众多的寺观建

董安于 又称董阏于，春秋末期晋国人，是晋卿赵鞅的心腹家臣。他自幼受到良好的教育，成人后富于文韬武略，忠义仁爱。董安于审时度势，在背靠龙山、面临晋水的汾河西畔筑建了晋阳城。

石窟 古时一种临崖开凿的侧洞，内有壁画、佛像及佛教故事石刻等艺术作品。石窟艺术是佛教艺术，它反映了佛教思想及其发生、发展的过程，它所创造的像菩萨、罗汉、护法，以及佛本行、佛本生的各种故事形象，都是通过具体人的生活形象而创造出来的。

筑，同时在西山脚下缓坡地带，广泛分布着墓葬遗址，总面积达200平方千米。

在古城址的西部地区还发现有天龙山石窟、蒙山大佛、童子寺等六朝、隋唐时期的石窟遗存。在古城营村内还保存有创建于隋唐、明代重修的惠明寺塔和金代创建、明清重修的九龙庙等建筑。

晋阳古城在历史上有其特殊的地位和丰富的地下埋藏，赋予了它重大考古研究价值。

阅读链接

1955年，考古工作者在晋阳古城营村附近发现了30余件石刻造像，造型别致。1962年，考古工作者在晋阳古城遗址发现数段城墙和3座小城遗址。

1999年太原市成立晋阳古城研究所以来，晋阳古城遗址各项工作进入了新阶段。结合国家大遗址保护的整体思路、文献记载和前人研究成果，古城研究所对城址进行了全面调查和局部发掘工作，取得阶段性成果。

通过考古调查基本探明了城池遗址的四至范围、城建大致格局；通过对局部点位的发掘，廓清了古城营村的自北朝至明清堆积丰富的文化层面貌，了解了西城墙和西护城河的形制特征和时代属性；另外还通过小探沟发掘，由点及面地连缀了唐五代至北宋时期遗址地层里厚积的焚毁层，一定程度上印证了晋阳城被火焚水淹的历史。

随着各项田野考古工作的展开，古城址保护和规划工作也在陆续展开，2006年《太原市晋阳古城遗址保护管理条例》得以颁行。

春秋齐国的临淄故城

临淄故城遗址位于山东省淄博市临淄区齐都镇西部和北部，临淄是春秋战国时期齐国的都城，是当时列国之中最为繁华的都市之一，也是当时东方重要的政治、经济、文化中心。

临淄因东濒淄河而得名，南面山峦起伏，山岭绵亘，有牛山、稷

齐国古城城垣遗迹

姜尚（前1156—前1017），名望，吕氏，字子牙，或单呼牙，也称吕尚。是我国历史上最享盛名的政治家、军事家和谋略家。西周初年，被周文王封为“太师”。后辅佐周武王灭商。被封齐地，因是齐国始祖而称“太公望”，俗称姜太公。另说，似因姜尚是周文王认为的他家太公。盼望很久的人，才称太公望

山、猺山和名泉天齐渊。东、西、北三面是辽阔的原野，这里土地肥沃，河系纵横，盛产五谷。东北距渤海百余里，具有渔业和盐业的便利，可谓物华天宝。

姜尚辅佐姬昌、姬发父子灭掉商朝，建立了周王朝后，被封于齐地，建都营丘。当时的纵横家苏秦在描述临淄的繁盛时说：“临淄之途，车毂击，人肩摩，连衽成帷，举袂成幕，挥汗成雨。”是一个“有户十万，市租千金，人众殷富，巨于长安”的天下名都。

齐国传至六世，为了避免东方莱夷的侵扰，被迫迁都到薄姑，即今博兴县境内。公元前859年，七世齐献公率营丘人杀了他的哥哥齐国胡公，返都营丘，于是把营丘改名为临淄。

春秋末年，齐国衰落，卿大夫相互兼并。齐康公被田和放逐在海岛上，“食一城，以奉其先祀”。

后来，唯一的食邑也被收回，康公只好在陡坡上挖洞为灶。

田和自立为国君，被称为田氏齐国，仍然以临淄为都。到公元前221年秦灭齐为止，临淄先后作为姜齐和田齐的国都，长达630余年。

齐国故城建于淄河的西岸，由大小两城组成，共有门13座。其中大城是郭城，小城是宫城。大城是官吏、平民、商人和手工工人居住

的区域。

城的南边是官署的所在地，东北角以及西部是冶铜、冶铁、制骨、烧陶等手工业作坊区，其间还分布有商业区。

东墙因临河修筑，十分曲折。城墙用夹板夯筑，从东周至汉代，经多次增筑和修补，早期夯层比较薄，多为小杵夯，晚期夯层比较厚，多为平夯。

临淄故城大城有城门 6座，东西面各一座，南北面各两座，门道宽度一般为10米左右。

城内有 7条主干道路，大多与城门连接，有的贯穿全城，路宽 6米以上，其中两条南北主干道路宽达20米。这些道路多十字交叉，把城内划分为棋盘式的区域。

人工挖掘的排水沟、护城壕与天然河流有机相连，构成了一个完善的用水、排水和城市防御系统。

齐桓公 春秋时齐国国君，姜姓，吕氏，名小白。在位时期任用管仲改革，选贤任能，加强武备，发展生产。"九合诸侯，一匡天下"，成为春秋时期的第一个霸主。号召"尊王攘夷"，助燕败北戎，联合中原各国攻楚之盟国蔡，与楚在召陵会盟。又安定周朝王室内乱，多次会盟诸侯，成为中原霸主。

齐都故城城垣遗址

临淄桓公台

临淄的小城位于大城的西南角，是国君居住的宫城。平面呈长方形，城的北部是宫殿区，东北部嵌入大城。

小城现在尚存有夯土台基，称“桓公台”。它是全城的制高点，传说其是齐桓公在春秋时期称霸天下的时侯，会见诸侯和检阅兵马的地方。

西部是苑囿区，这里曾修建了大规模的离宫别馆，建筑华丽，景色优美。

小城有5座城门，东、西、北面各一座，南面两座。东门和北门通向大城，门道外口两侧城墙皆向外凸出。

小城内的3条主干道路分别与南门、西门和北门连接，路宽8米至17米。沿城墙内侧还有宽6米左右的环城路。

据《齐记》记载，齐城临淄有门13座。见于史书的有雍门、申门、扬门、稷门、鹿门、章华门、东闾门、广门等。但记载没有确切方位，因此后人各执一说。

遗址现存西门有申门、雍门，东门有广门。11门座城门中小城5座，大城6座。门道跨度均在8米以上，最宽者达20米。

大城中的两条南北大道与两条东西大道在东北部相交叉，形成一个“井”字形，这一带应是都城中最繁华的市井中心。

临淄故城的排水机制，显示了齐国人非凡的聪明智慧和高超的建筑水平，被誉为世界同期排水建筑史上的杰作。齐国古城，东临淄河，西靠系水，东西两面城墙即以两道河岸为基础修建而起，淄河与系水就成了两道天然的护城河。

临淄先民们又在南城墙和北城墙外挖筑人工护城壕沟，使之与淄河以及系水相互沟通，形成了四面碧水绕城的外部排水护城网。

同时，根据南高北低的自然地势，在修建城池时，他们经过周密设计和科学安排，建出了排水道口，以及时排泄自然降水和城内生活废水。

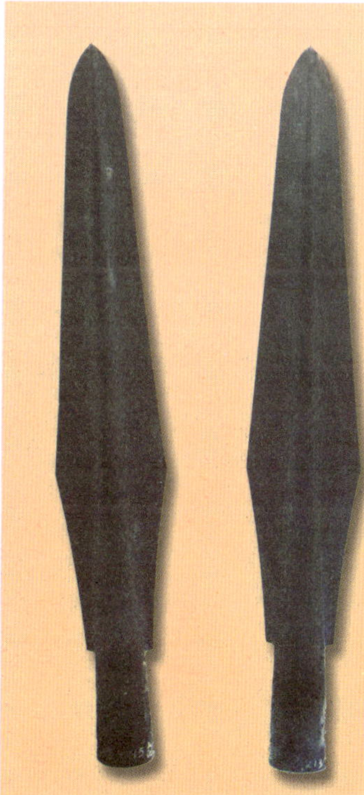

青铜矛

临淄故城的冶铁遗址数量最多，多达6处，分布在大城和小城的各个区域。在最大的一处冶铁遗址内，特别是它的北部一处有许多夯土基址，曾在此发现过汉“齐铁官丞”“齐采铁印”等封泥，当是汉代的“铁官”所在地。

除了发现过冶铁遗址外，在冶炼业中还发现了冶铜遗址和货币铸造遗址。跟冶铁遗址一样，冶铜遗址也是分散在大城和小城各处；而货币铸造遗址则分属于不同的时期。

在繁荣昌盛的齐国临淄，手工业

非常发达。所以故城内手工业遗址非常多。

临淄齐国故城内的制骨作坊遗迹范围较广，主要在大城东北部和北部，比较集中的有四处地方，即崔家庄东北部，河崖头村西南部，东古城村南部，田家庄东北部。

这里的遗物十分丰富，不仅出土过刀石砥砺，而且残骨余料遍地皆是。

临淄齐国故城名胜丰富，除了地面上的名胜遗迹，还有地下的著名墓葬。在齐国故城东北部有一处春秋时期的齐国君主和大贵族墓地，已发现大中型墓20余座。

其中齐都镇河崖头村的墓葬就是齐景公的墓。这是一座“甲”字形大墓。椁室位于墓室中部，用自然石块垒砌。

齐景公墓周围的殉马坑大部分保存完好。北面西段54米，有殉马145匹；西面南端30米有殉马83 匹。殉马排列紧密，全部殉马当在600匹上下，在世界范围内都实属罕见。

阅读链接

1982年，由国家文物局批准，淄博市政府拨款，在临淄故城殉马坑就地建起了具有民族风格，古朴典雅的殉马展厅，并对马骨采取了防水、防腐、防尘保护措施，1983年正式对外开放。

著名的绘画大师刘海粟先生看后，即席挥毫写下了“殉马奇迹天下无”的赞语。

国际友人奥地利前总统基希施莱格博士看后，当场写下了赞颂的美句：“这是一个给人深刻印象的，真正独一无二的历史遗址。”

春秋晋都的侯马古城

侯马晋国遗址位于山西省侯马市，是春秋时代晋国都城新田，晋国政治、经济、文化的中心。侯马古称“新田”，华夏文明的重要发祥地之一。早在7000年前就有人类在此繁衍生息。公元前585年，晋景公以新田“土厚水深，居之不疾，有汾、浍以流其恶，且民从教，十世之利”，于是将晋国都城迁至新田。

从晋景公迁都于此至公元前376年韩、赵、魏三家分晋，共经历了208年。这期间正是我国奴隶制度崩溃、封建社会兴起的社会大变革时期。从此，晋国在新田大展宏图，威慑幽并，牵

晋国晋祠古建

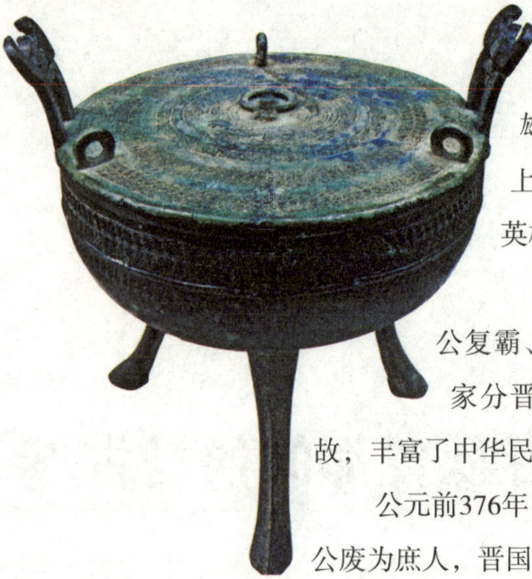

■平盖蟠虺纹鼎

制鲁东，吞并河南，控制河西，雄据中原，傲视群雄，成就霸业，在新田大地上演绎出一部部波澜壮阔的英雄史诗。

赵氏孤儿、魏绛和戎、悼公复霸、九合诸侯、六卿专政、三家分晋，这些耳熟能详的历史典故，丰富了中华民族的文化宝库。

公元前376年，韩、赵、魏三分其地，静公废为庶人，晋国绝祀。从此侯马晋国都城被废弃了，后来也未经过大的兴建和破坏，地下遗存保存较好，是春秋中晚期的代表性城址。

侯马晋国遗址有古城遗址5座，位于牛村的一座称牛村古城，位于平望村附近的一座称平望古城，古城遗址现场被压在地下一米左右深处。平望古城遗址的东南角和牛村古城遗址的西北角叠压在一起。

另外还有白店古城、台神古城、马在古城。从古城遗址可以想象出，当时作为春秋五霸之一的晋国的国都建筑是何等宏伟。

牛村古城城墙是分块夯筑的，南墙内有一条绕墙而行的行车道，墙外有护城河。宫殿建筑遗迹位于城中北部。殿基呈正方形。平望古城的宫殿遗迹，在城中偏南，分为三级，最下一级是正方形，第二级高出地面，第三级位于第二级的北半部。

两座古城都有一米多厚的建筑坍塌物。一座古

赵氏孤儿 春秋时代，以战功起家的晋国贵族赵氏家族，权势和声望不断膨胀，甚至让国王晋灵公都艳羡恐惧不已。心高气傲的将军屠岸贾一直遭赵氏的轻视和排挤，在国王的默许下将赵氏一家300口诛杀。为了赵氏孤儿的安全，一批舍生取义的壮士牺牲了。后来形成的元代杂剧《赵氏孤儿》反映了人民前仆后继、不屈不饶地同邪恶势力斗争到底的抗争精神。

城以鼎、簠、壶、舟、匜、鉴等礼器和编钟为主，另有车軎、当卢、马衔等车马器和阳燧、带钩、镜等用具。陶范中约半数为模，多数范未经浇铸，有的且已合好待铸。另一座以镬、斧、凿等工具为主，多达数千件，另有少量剑、戈、镞等兵器和空首布范。

陶范中有花纹的约1万块。最常见的主体纹饰为两方或四方连续纹样的蟠螭纹，形式富于变化。云雷、绹索、鳞片、贝纹多作为镶边、界带或衬地。常见纹饰还有蟠虺、蟠螭衔虺、兽面、龙、凤、虎、牛、鸟、垂叶、涡纹等。其中蟠螭衔虺、兽面衔螭及凤纹为多层浮雕式，雄浑古朴，极富特色。

还有作为器物座承的人形，其中女性为立人，头戴月牙形冠，着长衣，腰系带，打双蝴蝶结；男性为

当卢 是我国古代马匹头部的饰件。形式各异，较常见的一种是本体似圆甲泡，上端分出两歧角，下边垂一长方形鼻梁，背面有几个横或竖鼻，用以穿带缚扎，系于马头。铜质的当卢盛行于商周时期。

蟠螭纹罍

玉龙

跪坐人形，“断发纹身”，腰系带，背部斜插短剑。纹饰中还有多量错镶纹饰，构图简练，线条粗细相间，末端尖尾，铸造后局部或全部需再错镶其他金属或矿物。

它们雕刻精细，花纹优美，种类繁多，反映了东周时期晋国铸铜艺术的完美工艺，为我国古代光辉灿烂的青铜文化增添了异彩。

牛村古城南郊一带分布着密集的铸铜、制石、制骨、制陶等作坊遗址。浍河南岸上马村东为一处西周至东周时期的墓地。呈王古城东南一带为与祭祀有关的排葬墓、埋牲坑、盟誓遗址和建筑基址。铸铜遗址分布在牛村古城南郊，两处铸铜遗址相距约400米。有房屋70余座，井、窖穴、灰坑、窑、瓮棺葬等遗迹1500余个和一处工作场所。

房屋多为半地穴式，少量为窑洞式，平面长方形、方形或圆形，一端有台阶式门道。窖穴、灰坑多长方形、圆形，个别弃埋有人骨骸。水井皆长方形，大部两侧壁上有脚窝。

遗址内与铸铜有关的生产工具有铜和骨质的多种刻刀和多量砺石，还有大量陶范、熔炉、通风管、炼渣和100余件铅锭。共出土陶范约5万余块。各遗址生产上可能有分工。

盟誓遗址面积约3800平方米。发现瘗埋牺牲的土坑400余个，较大的埋牛、马、羊，较小的埋羊或盟书。多数坑的北壁底部有一个小龛，放置一件或数件祭玉，有璧、璜、瑗、玦、圭、璋等。

埋葬盟书的坑集中在西北部，共有盟书5000余件，其中字迹比较清楚的有656件，是公元前497年至公元前489年晋国世卿赵鞅同卿大夫间举行盟誓的约信文书。它的发现对研究东周盟誓制度、文字及晋国历史有重要意义。

最重要的一件《侯马盟书》是公元前496年由晋大夫赵鞅主持，六国在新田进行盟誓的记载。主要内容为：六国之间保证互不侵犯，振兴国力，有福同享，有难同当，齐心协力，共同对外。

晋国遗址较大面积的墓地仅发现上马墓地一处，面积约20万平方米。发现1300余座墓葬和3座车马坑。时代从西周早期至战国中期。

墓地分为若干区，墓葬之间少有打破关系，可能属于有亲缘关系的若干家族。形制均为长方形土坑竖穴墓，葬式绝人多数为仰身葬。

赵鞅 嬴姓，赵氏，原名鞅，后名志父，谥号简。时人尊称其赵孟，史书中多称之赵简子，亦称赵简主，春秋后期晋国卿大夫，六卿之一，赵氏大宗宗主，至晋定公时执政晋国十七年之久。杰出的政治家，军事家，外交家，改革家。战国时代赵国基业的开创者，郡县制社会改革的积极推动者，先秦法家思想的实践者，与其子赵襄子并称“简襄之烈”。

阅读链接

1954年，侯马晋国遗址由山西省文物管理委员会调查发现。1956年山西省文物管理委员会设立侯马工作站，负责遗址的勘查发掘和日常保护工作。1956年至1957年，经发掘、勘探，发现古城。

1960年，国务院颁发了《关于加强侯马地区古城遗址的勘探发掘工作的通知》。1961年发掘平阳机械厂2号铸铜遗址，同年， 国务院公布侯马晋国遗址为全国重点文物保护单位。

东周古楚的鄂王城

鄂王城遗址位于湖北省黄石市大冶市西南金牛镇高河乡鄂王城村胡彦贵湾，是东周时期的遗址，距今约2700多年。鄂王城遗址是鄂东南极为重要的一处历史文化古城址，对于东周楚城的研究具有非常重要的意义。

鄂王城遗址西距武汉90千米，南距咸宁不足50千米，北距鄂州也不过50千米，距黄石仅45千米，东距大冶40千米，地理位置十分重要。

据《史记·楚世家》中记载：

周夷王时，王室微，诸侯或不朝、相伐，熊渠甚得江汉间民和，乃兴兵伐庸、扬粤……

东周时期的青铜剑

至公元前877年，楚国国君熊渠封其中子红为鄂王，鄂王之都城为鄂，即今天的鄂王城遗址。

楚王熊渠及长子先后去世，中子红继承王位为楚王，都城仍立在鄂。其后至少有6世10多位楚王在鄂建都，直到楚试王熊通时止。

公元前689年，楚试王熊通去世，子熊赀立，即楚文王。楚文王初立这年，便将都城由鄂迁到了郢，即今湖北宜城之楚皇城，另也有人说为今江陵之纪南城。鄂便成了楚之别都和封邑。

青铜钟

公元前559年至公元前544年楚康王在位时，曾封康王之兄弟子晰于鄂，世称鄂君子晰。在楚国长达800余年的历史中，除去楚国在鄂王城建都的那段历史时期外，将鄂王城作为楚国别都，封邑和鄂县县邑的时间也有数百年之久。

中子 我国古文中的“中子”并没有固定指哪一个儿子，如《史记·伯夷列传》“国人立其中子”中，“中子”是“另一个儿子”的意思；再如《史记·孝文帝本纪》“孝文皇帝，高祖中子也”，汉文帝刘恒是汉高祖刘邦的第四子，这个“中子”应该解析为排序中间的儿子。

楚国祖先为什么要建鄂王城于金牛呢？主要是因与周王室结有怨恨。

熊绎及其子孙勤奋治国，国力逐渐增强，周成王临终告诫康王要他既要和远又要和近。

康王卒后昭王继位，不加安抚荆蛮而以武强征，率六师征伐荆楚，熊氏带领江汉百姓坚决抵抗，最后昭王全军覆没连自己也死在汉水，无尸回周。从此楚周为敌，周常伐楚。

六师 天子统领的军队，即六军之师的意思。《周礼·夏官·序官》中记载：“凡制军，万有二千五百人为军。王六军，大国三军，次国二军，小国一军。”《左传·襄公十四年》中记载：“周为六军，诸侯之大者，三军可也。”后来，便因此作为国家军队的统称。

熊渠当时势力不敌周，于是都城建于金牛，金牛地处偏僻，水陆两路都较隐蔽，便于躲避周军进攻。金牛有两大畈，西畈和南城，粮田万顷，素有“沃府粮仓，鱼米江南”之称，便于屯粮。

熊渠是悄悄称王，不适合在依江据险强硬暴露之处。金牛后有南山为屏，前有岗陵为障，中有河川飨香，是块包囊之地。

鄂王城址依岗毗地形而建，呈南高北低状。城内地平面高出附近地面5米至10米，城址平面呈不规则长方形。城垣为土筑，系红褐土夹黄斑土夯筑而成。

四面城垣除南垣西段向外突出外，均较直。西北、东北、东南城垣拐角处均为高台。城垣东城门有大小两座，城垣外有护城河环绕，以南垣外和西垣外最为明显，并与高河港相连。

城址南部高台地发现椭圆形窑址、金器、铜器、

青铜罍

烽火台

铁器、建筑用瓦、成群的封土墓。墓向为南北向，内有填白膏泥、木炭、卵石的现象。

遗存有大量的板瓦、筒瓦等建筑材料遗物。还先后发现了楚国的金币“陈爰”，嵌金乌纹戈及石斧和大量生活陶器皿等。

鄂王城的文物遗存还有以下特点：最下层为陶器，中层为铜器，上层为铁器。

另外，鄂工城遗址除都城遗址外，还有一人批文化古迹遗址。如鄂王城神庙，瓦脊街、王马山、烽火台、古官窑，内城墙，石兽林、启节碑、沧浪亭、屈子阁、聪慧泉、龙潭湖等遗址，此外有一大批民间传

金乌 又名三足乌或三足金乌，我国古代神话中驾驭日车的神鸟，也称阳乌、踆乌。传说古代人看见太阳黑子，认为是乌鸦，又因为不同于自然界中的乌鸦，加一脚以辨别，又因与太阳有关，为金色，故为三足金乌。

东周陶鬲

说遗址，如金鸡山、金鸡垅、木鱼墩、越女织布机等。

从自然环境看，这里景物别致，青山常绿，绿水长流。

城南面丘陵地带，城势广阔，杉树成林，一片葱郁。城下的高河港由南向北，川流不息，泛舟其上，可直达梁子湖。

河东面是沃野良田，这里一年四季或黄花遍野，或麦浪滔天，或荷花似盖，或棉花似雪，既是一曲美妙的交响乐，又是一幅人间仙境的美丽图画。

阅读链接

秦统一六国后，先后在鄂王城城址所在地和今鄂州设县，县名为“鄂”；三国时，孙权在今鄂州建都，改鄂王城为鄂县。因鄂王城东南约10千米处有武昌山，遂取“以武而昌”之义，改鄂县为武昌县。这也是武昌的最初来源。

到了隋朝，鄂王城日益衰落，鄂州州治首次设在江夏，也就是今天的武昌。此后，今之武昌多次被定为鄂州首府，到清代，湖北便简称为鄂。鄂王城被认为是将湖北称为“鄂”真正意义上的来源。

赵都宫城的赵王城

赵王城亦称赵都宫城，位于河北省邯郸市西南，建于赵国迁都邯郸前后。据记载，公元前386年赵敬侯把国都从中牟迁到邯郸，历经八王，共158年，至前228年为秦国所占。

赵王城经历了2000多年，至今仍雄伟壮观，是我国保存最为完好的唯一战国古城址。

赵王城遗址公园

章邯 秦末著名将领，上将军。秦二世时任少府，为秦朝的军事支柱，秦王朝最后一员大将。公元前209年，受命率骊山刑徒及奴产子迎击陈胜起义军周文部，屡战屡胜，使秦廷得以苟延残喘。巨鹿之战中被项羽击败，漳污之战中再次被项羽击败而投降，随项羽入关，封雍王。

公元前209年，秦将章邯攻赵王歇，下令“夷其城郭”，一代名都从此毁坏，以后逐渐变为废墟。

赵王城由东城、西城、北城3个小城组成，平面似“品”字形，总面积512万平方米。遗址周围保留着蜿蜒起伏的夯土城墙，内部有布局严整、星罗棋布的建筑基台，地下有面积较大的十几处夯土基址，四周有城门遗迹多处。

赵王城的西城比较完整，近正方形，遗址上现存五座大土台，其中部偏南有一座 “龙台”，是当时宫殿主体建筑基址，也是我国规模最大的王宫基址。

龙台是战国时期最大的夯土台基，当年它是一组回廊环绕、重檐迭起、高耸入云的高大建筑。我国三国时期著名文学家刘邵在《赵都赋》中描绘了赵王城的盛况：

赵王城遗址

赵王城遗址

尔乃都城万雉，百里周回，九衢交错，三门旁开，层楼疏阁，连栋结阶。峙华爵以表甍，若翔凤之将飞，正殿俨其天造，朱棂赫以舒光。盘虬螭之蜿蜒，承雄虹之飞梁。结云阁于南宇，立丛台于少阳。

由此可以想见当年赵王城的恢宏气势。

由“龙台”往北，尚有两个大夯土台，形成南北一条中轴线，在中轴线两侧还残存着地面夯土台及地下夯土建筑基址6处，这是以“龙台”为中心的一组规模宏伟的殿宇建筑群。

东城与西城仅一墙之隔，面积小于西城，四面城墙大部分完整，内有三座夯土台，其中城内中部偏南尚存南北对峙的两大土台，相传是赵王阅兵点将的“南将台”和“北将台”，两台之间及南北均有高大

刘邵 字孔才，邯郸人。三国时文学家。建安年间开始做官，因学识渊博而升任秘书郎。他的文才也是很出色的，魏王曹叡曾叫他写《许都赋》与《洛都赋》，编撰有《皇览》《新律》，著《律略论》。所著《人物志》是我国研究人事制度的早期著作。所作《赵都赋》《许都赋》《洛都赋》史称“三都赋”，名传后世，受到推崇。

赵王城遗址

建筑的地下夯土基址。

北城为不规整的正方形，面积大于东城，除西墙南段地面尚有部分残墙外，其余仅有地下墙址。遗址西部的土台，面积仅次于“龙台”，与西墙外侧的土台东西对峙，也是一组殿宇建筑群基址。

在曾经辉煌的岁月里，赵王城扮演了春秋战国历史上的重要角色，奠定了邯郸崛起成为秦汉时期我国五大都市的雄厚物质基础。

赵王城里曾经上演过众多流传千古的故事：赵武灵王力排众议，大刀阔斧地进行胡服骑射的改革；文臣蔺相如不辱使命，完璧归赵；武将廉颇攻城野战，所向披靡……此外，毛遂自荐、联楚抗秦、围魏救赵、邯郸学步、将相和等历史典故也都发生在这里。

最著名的是《将相和》的故事：

战国时赵国舍人蔺相如奉命出使秦国，不辱使命，完璧归赵，所以被封了上大夫；又陪同赵王赴秦王设下的渑池会，使赵王免受秦王侮辱。赵王为表彰

廉颇（前327年—前243年），山西太原人。战国末期赵国的名将，与白起、王翦、李牧并称“战国四大名将”。赵惠文王初，秦国欲东出扩大势力，赵国首当其冲。为扫除障碍，秦王曾多次派兵进攻赵国。廉颇统领赵军屡败秦军，迫使秦改变策略。秦国虎视赵国多年而不敢贸然进攻，正是慑于廉颇的威力。此后，廉颇率军征战，守必固，攻必取，几乎百战百胜，威震列国。

蔺相如（前329年—前259年），战国时赵国上卿，今山西柳林孟门人，赵国宦官头目缪贤的家臣，战国时期著名的政治家、外交家。根据《史记·廉颇蔺相如列传》所载，他生平最重要的事迹有完璧归赵、渑池之会与负荆请罪。

蔺相如的功劳，封蔺相如为上卿。

老将廉颇认为自己战无不胜，攻无不克，蔺相如只不过是一介文弱书生，只有口舌之功却比他官大，对此心中很是不服，而屡次对人说："以后让我见了他，必定会羞辱他。"

蔺相如知道此事后以国家大事为重，请病假不上朝，尽量不与他相见。后廉颇得知蔺相如此举完全是以国家大事为重，向蔺相如负荆请罪。从此两人合好，开始尽心尽力地辅佐赵王治理国家。

赵王城之东北，有大北城，为当时的商业、手工业作坊区和居民区，城址已湮没，现在尚有插箭岭、照眉池、梳妆楼、铸箭炉等遗迹。赵王城遗址向西南方沿路两边，有多处高大的封土堆，其中有一个大土堆上建着廉颇庙。这些大土堆就是2000多年前赵国将相的坟墓！

阅读链接

赵王城遗址作为我国保存最为完好的唯一战国古城址，属第一批国家重点文物保护单位。2006年，以赵王城遗址为依托的遗址公园建设开始动工。

一期启动区占地约58万平方米，南大门、赵文化博展馆、征战广场、景观大道等主体工程、文物展陈等。

二期工程主要进行文化展示区西区约87万平方米园林绿化、生态水系、山形水系、文化景点建设等。

三期工程是进行王城内遗址的保护、开发及展示。

战国最大都城燕下都

燕下都遗址位于河北省易县东南，北易水与中易水之间，是战国时期燕国都城的遗址，也是战国都城中面积最大的一座。燕下都遗址保存较完整，年代较集中，是反映战国时期城市发展的有代表性的城址。

西周武王灭商后，分封召公于北燕，成王时召公之子立国，建都

燕下都遗址

兽面纹瓦当

于蓟，即今北京，后世称“燕上都”。后来燕国迁都于易水河畔，称为“下都”。

燕下都创建时间约在公元前475年。历经易王、昭王、惠王、武成王、孝王、喜王共百余年。公元前222年秦灭燕，城即被废弃不用。

燕下都遗址平面呈长方形，城的中部有纵贯南北的运粮河故道，与河平行筑有一道隔墙，将城分为东西二城。东城分为宫殿区、手工业作坊区、居民区、墓葬区、古河道区5个部分。

宫殿区在城的东北部，由武阳台、望景台、老姆台等建筑基址组成，由南向北形成一条轴线。其中主体建筑武阳台最大，高11米，分上下两层，台东西最长处约140米，南北最宽处约120米，它相当于燕下都全城的制高点。

燕下都以高大的夯土台基为主要特点的宫殿群遗址，反映了战国时期城市建筑的巨大规模和城市经济、文化的高度发达。武阳台东北、东南和西南，分别是以小平台、路家台、老爷庙台三座夯土台基为主体建筑的宫殿建筑组群。城内有制作铁器、兵器、骨器、陶器、钱范、钱币等的手工业作坊遗址，皆靠近古河道的南支和北支。

王制 指合乎王的制式，是指古代君主治理天下的规章制度，内容涉及封国、职官、爵禄、祭祀、葬丧、刑罚、建立城邑、选拔官吏以及学校教育等诸多方面的制度。我国经历了漫长的君主制时代，王权政治的传统绵延几千年。

墓葬区设于城的西北角，有九女台和虚粮冢两个墓区，王侯贵族墓葬按尊卑等级排列得井然有序、有条不紊。墓葬中有大量的珍贵遗物。

东城遗址保存较好，城垣轮廓清晰可辨，残垣断壁，历历在目。城内发现了许多的兽首陶水管、筒瓦、板瓦等建筑构件，这些建筑构件的做工大都十分讲究。

东城的西北隅有两个公室墓区。隔墙以北的俗称虚粮墓区，有13个高大的封土堆，由北向南分成 4 排。从其中的遗物看，虚粮墓区应是战国晚期燕国的王陵区。

隔墙和古河道以南的俗称九女台墓区，有10个封土堆，由北向南分成 3排，最南一排仅一座，在墓区的西南角。九女台墓区残存有仿铜的陶镬鼎两尊、大牢九鼎一套、大牢七鼎两套、羞鼎四件、陶两套。鼎

燕下都遗址

青铜剑

之数合乎王制。九女台墓区可能是战国晚期以前的燕国王陵。

西城平面略呈刀形，北垣中部偏东向外突出部分，习称斗城，无东垣，是东城的附属建筑，年代当晚于东城。

西城城垣系分段用夹板夯筑而成，西垣中部有城门一座。西城内的文化遗存较少，可能是为军事防御的需要而增建的郭城。

燕下都遗址有四条古河道。“运粮河”在城址中部，沟通南北易水；另一支向东折转向南，流出东城，注入城外护城河。城内这两条古河道分别将宫殿区与手工业作坊区、手工业作坊区与墓葬区隔开。

还有一条古河道为东城东墙外的护城壕。这些河道当时在城市规划上起到了保护宫殿区和解决城市供水排水的作用。

燕下都遗址中发现一件战国铜俑，是我国唯一完整的一件，前额上发分左右向后梳，头巾垂于脑后，身着右衽尖顶窄袖长袍，方领口，腰带两端有带钩连接。而在武阳台发现的铁胄将我国掌握淬火钢器技术

易水 河流名。在河北省西部。源出易县境，入南拒马河。夏朝时期，易水流域有个民族叫有易氏。从公元前1700多年前到战国后期的公元前296年，有易氏、白狄、鲜虞、中山国世居易水。燕昭王迁都于易水建燕下都，在这里高筑黄金台，招贤纳士，使得燕国一度强盛起来。燕太子丹派荆轲渡易水西去刺秦王，留下了千古绝唱。

■铺首 我国房屋的门扉上修饰的环形饰物，大多冶兽首衔环之状。以金为之，称金铺；以银为之称银铺；以铜为之，称铜铺。兽首衔环是兽面纹样的一种，有多种造型，嘴下衔一环，用于镶嵌在门上的装饰，一般多虎、螭、龟、蛇等形，为表示避祸求福，祈求神灵像兽类敢于搏斗那样勇敢地保护自己家庭的人财安全。

的历史提早了两个世纪。其他如铭文铜戈，刻铭记重的金饰件，大型宫门铜铺首都是极为珍贵的瑰宝。

遗址中的铁器较其他都城为多。我国古代南方铁器较北方先进，楚国在锻钢技术方面更为进步。燕下都的铁质兵器剑、矛戟镦，经过分析证明，燕国不但掌握了锻钢铸技术及其工艺，而且其淬火铜器在我国古遗物中是最早的，比欧洲的同类技术早1000多年。

燕下都的陶器早期以夹砂灰陶为主，晚期以泥质灰陶为主。以云母片为羼和料的粗红陶，则是燕国最富特征的陶器。

燕下都周围有荆轲塔、镇陵塔等与战国文化相关联的地点，览千古遗址，看易水东流，遥想当年燕太子丹为荆轲饯行的壮烈情景，不禁使人生发出燕赵自古多慷慨悲歌之士的感叹。

阅读链接

1930年，著名的考古学家马衡主持对燕下都老姆台等遗址进行了发掘。1961年，国务院公布燕下都遗址为全国重点文物保护单位。同年，河北省文物工作队对遗址进行了全面的勘查发掘，揭示了燕下都遗址的原貌。

2001年，燕下都遗址被评为“中国20世纪100项考古大发现”之一，同年，国家文物局又将其列入百项重大遗址保护项目。

王朝遗梦

中古时期是指我国秦汉至隋唐时期，从公元前221年秦始皇横扫六国统一全国开始，经西汉、东汉、三国魏晋南北朝，直至581年隋文帝杨坚灭掉北周建立隋朝止。

在这800多年的历史中，我国在朝代更迭中，民族、文化也充分融合，尤其是各个王都、国都纷纷在各地建立，主要有秦王宫咸阳、汉长安古城、高句丽王城、汉魏洛阳故城、楼兰故城等。

大秦第一都的咸阳

秦咸阳遗址是我国战国后期秦国都城遗址，位于陕西省咸阳市以东的咸阳塬上、渭河的北岸。自公元前350年秦孝公由栎阳西迁，到秦完成统一大业和最后覆亡，这里作为秦国和秦王朝的首都达144年之久。是当时全国的政治、经济和文化中心。

商鞅雕像

公元前350年，秦孝公迁都咸阳，商鞅首先在城内营筑冀阙，以后历代秦王又增建了许多宫殿。

秦始皇统一全国的过程

■咸阳宫复原模型

中，吸收了关东六国的宫殿建筑模式，在咸阳塬上仿建了六国的宫室，扩建了皇宫。整个咸阳城“离宫别馆，亭台楼阁，连绵复压三百余里，隔离天日”，各宫之间又以复道、甬道相连接，形成当时最繁华的大都市。

唐朝著名诗人李商隐曾作《咸阳宫》诗一首，描述了当年咸阳的奢华以及秦灭的教训：

咸阳宫阙郁嵯峨，六国楼台艳绮罗。
自是当时天帝醉，不关秦地有山河。

秦咸阳遗址总面积15万平方米。城址中部偏北有周长约2.7千米的夯土墙基。平面呈不规则长方形，似为秦咸阳城的宫城。宫墙以北有一条与宫墙平行的大道，路面呈鱼脊形，两旁有排水沟。

在咸阳城址北部的阶地上，约相当于城中轴线附

商鞅（约前395年—前338年），姬姓，卫氏。我国战国时卫国人，又称卫鞅、公孙鞅。应秦孝公求贤令入秦，在秦执政约20年，说服秦孝公变法图强史称“商鞅变法”，使秦国大治，为后来秦国统一六国奠定了基础。

咸阳出土陶器

近的地方，有一组高台宫殿建筑遗址，它坐落在秦时的上原谷道的东西两侧，分为跨沟对峙的两部分。

西侧遗址保存较为完好，经过遗址复原后可知这是一组东西对称的高台宫殿，由跨越谷道的飞阁把两者连成一体，是极富艺术魅力的台榭复合体。遗址可分若干个小室。

南部西段的五室排成一列，西边的四室是宫妃居住的卧室，出土有内容丰富的壁画和一些陶纺轮。最东一室内有取暖的壁炉及大型的陶质排水管道，推测可能是浴室。浴室的一角是贮存食物的窖穴。

主体宫室建在高台之上，地表为红色，即所谓的“丹地”，门道上有壁画痕迹，表明这是最高统治者的厅堂。

在宫室的西南方，还有一处结构十分复杂的宫殿遗址。有一条阁道，两侧满饰彩色的壁画，壁画内容是秦王浩浩荡荡的车马出行图，其中有车马、人物、

兰池宫 秦始皇十分迷信神仙方术，曾多次派遣方士到东海三仙山求取长生不老之药，当然毫无结果。于是乃退而求其次，在园林里面挖池筑岛，引水为池，模拟海上仙山的形象以满足他接近神仙的愿望，并在池旁建筑了兰池宫。

花木、建筑等题材。

古代的宫廷壁画因为大都毁坏无存，所以这些保存下来的秦代的宫室壁画，具有很高的价值，在我国建筑史和美术史上占有重要的地位。

宫殿区以东，线上为兰池宫遗址所在，经勘探，已发现夯土建筑遗址6处。

在宫殿区以北的泾水畔，为望夷宫遗址所在，其北部已因泾水南移而崩塌，现存夯基东西98米，南北34米。

宫殿区西面附近有铸铁、冶铜和制砖瓦的遗址，城外西南部，距宫殿区约 4千米的渭水旁有制陶和制骨遗址，发现有陶窑、水井、窖穴和排水道，同时还发现3个铜器和铁器的窖藏坑。

墓葬区在城外西北隅原上，均属战国中期至秦末的中小型墓。遗址中以砖瓦、瓦当等建筑材料为大宗，另有铁器、铜器、兵器、货币和陶器等。

砖有两种规格，一种是用于踏步的大型长方形空心砖，砖面多数饰以多种内容的龙纹、凤纹及回纹。

另一种是用于铺地或镶砌廊边的小型长方形和方形的扁砖，砖面多模印菱形方格纹、菱形纹、太阳纹

回纹 指我国民间称为“富贵不断头”的一种纹样。因为它是由横竖短线折绕组成的方形或圆形的回环状花纹，形如“回”字，所以称作回纹。

龙纹 又称为“夔纹”或“夔龙纹”。在我国古纹样装饰中，龙纹占有十分重要的地位，被大量装饰在玉石、牙骨、陶瓷、织绣和服饰等许多方面。在封建时代，又将它与佛教、道教的神话结合起来，赋予新的神秘色彩。尤其在宫廷艺术中，更是充满了龙的装饰。

汉代画像砖

蚁鼻钱 战国时期楚国的铜币。因其形象得名。形状为凸面椭圆形，似海贝。正面有阴文，常见“贝”字；少数为“君”“圻”等，意义不明。又称鬼脸钱。

带钩 是古代贵族和文人武士所系腰带的挂钩，古又称“犀比”。多用青铜铸造，也有用黄金、白银、铁、玉等制成。其起源于西周，战国至秦汉广为流行。带钩是身份象征，带钩所用的材质、制作精细程度、造型纹饰以及大小都是判断带钩价值的标准。

和回纹。

瓦分板瓦和筒瓦，体形较大。瓦背饰绳纹。瓦当大多为卷云纹圆瓦当，也有少量的半圆形和圆形素瓦当。在一些板瓦、筒瓦和少数砖面上，戳记着文字印鉴，有一字式、两字式和四字式 三种，款式有正方形、圆形、倒梯形。一字式和两字式字体多为小篆，四字式为篆隶两体。

根据陶文内容可知，宫殿建筑使用的砖瓦主要来自中央官署控制的作坊，也有少量使用民营生产的。

秦咸阳遗址还有三处窖藏，其中北沙坑中发现熔烧变形的铜器和铁器500千克，尤其是有完整秦始皇诏版一件。

南沙坑有铜器280多件，包括生活用具、钱币、兵器和车马器，以及三件铜诏版。西南沙坑的320余件铜器大多残损，其中铜人头像一尊，制作颇精，另有秦二世诏版一件。

遗址发现的货币中除“半两”外，还有来自关东诸国的梁正尚金寽、殊布当圻、平首方肩足小布、齐法化刀、易刀、尖首刀、古刀和“蚁鼻钱”以及楚国金币郢爰、陈爰。

■度量衡

咸阳宫殿遗址的陶器下腹发现有“咸X里尼”“咸亭完里丹”和“咸阳成申”

蚁鼻钱

等文字印鉴。而墓葬中的随葬品以陶器为主，有罐、豆、壶、盂、盘、釜、甑等，此外，还有少量铁锸、铁削、铁剑、玉印章、玉璧、玉琢和铜镜、铜带钩。

阅读链接

1959年，陕西省考古研究所和陕西省文物管理委员会联合对咸阳城遗址进行了考古调查和发掘，到1961年，在咸阳市窑店乡牛羊村附近发现了秦咸阳宫殿遗址。

探明秦咸阳中心位置在今窑店镇一带，城区范围未见明显界线，大致为北起窑店镇以北二道原下，南至渭河以南西安市三桥镇巨家庄，西起塔儿坡，东到柏家嘴。在渭水两岸几十平方千米内分布着极为丰富的文化遗存。

1973年至1982年，对位于宫墙之内的1号遗址西半部和2号、3号遗址进行了发掘。1980年，陕西省考古研究所建立咸阳秦都考古工作站，全面负责城址的勘查和发掘工作。对已发掘的1号和3号遗址划定范围，征地保护。

第一大都会的汉长安

汉长安城位于我国陕西省西安市西北，存在于公元前202年至公元8年。是我国历史上第一个国际大都会和当时世界上规模最大的都城，

是我国历史上建都朝代最多、历时最长的都城，是汉民族文化形成过程中的中心。

汉长安古城也是我国规模最大、保存最为完整、遗迹最为丰富、文化含量最高的都城遗址。

汉长安城遗址的发现，探明了汉代长安城的布局和结构，为研究我国古代都城史提供了重要的实物资料。

公元前202年，汉高祖刘邦打败项羽建立大汉王朝，最初计划建都

洛阳，后来听从娄敬、张良等人建议，认识到关中战略地位的重要性，决定定都关中。刘邦决定首先修复兴乐宫，并改名为长乐宫，以此为基础，兴建都城，取用当地一个乡聚的名称，名为长安城。

汉长安古城主要有城墙、长乐宫、未央宫前殿遗址、椒房殿遗址、官署遗址、少府遗址、天禄阁遗址、石渠阁遗址、武库遗址、桂宫鸿宁殿遗址、罗寨遗址、樊寨遗址、讲武殿遗址、楼阁遗址、未央宫夯台遗址等。

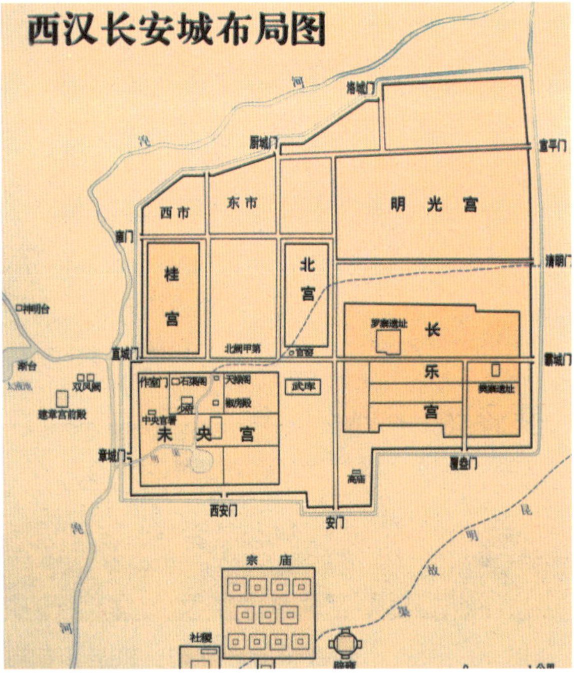

西汉长安城布局图

汉长安城的城墙均为版筑土墙，墙高8米，墙基宽16米。东城墙长5.9千米，南墙长6.25千米，西墙长4.55千米，北墙长5.95千米，共有12个城门。

城内分为9个市区，街道宽阔平整，规划整齐。长乐宫、未央宫、建章宫是汉长安城最著名的三大宫殿群。

长乐宫位于城的东南部，由一系列建筑构成，整座宫室规模很大，宫内的主要建筑是长乐宫前殿。未央宫位于城的西南部。仅长乐、未央两宫就占去汉长安城内一半面积。西汉诸帝仅刘邦常居长乐宫，从惠

张良 字子房，今河南省宝丰县李庄乡古城村人。汉高祖刘邦的重要谋臣，与韩信、萧何并列为“汉初三杰”。被封为留侯。他以出色的智谋，协助汉高祖刘邦在楚汉战争中最终夺得天下，他精通黄老之道，深知“日中则移，月满则亏”的道理，不留恋权位，避免了韩信、彭越等“兔死狗烹、鸟尽弓藏”的下场。

咸阳汉阳陵建筑

《三辅黄图》又名西京黄图，简称黄图。其记载了秦汉时期三辅的城池、宫观、陵庙、明堂、辟雍、郊畤等，间涉及周代旧迹。各项建筑，皆指出所在方位，所以，过去便一向将其视作一种记述城市状况的文献。所载长安城及其周围的布局、宫殿、馆阁、苑囿、池沼、台榭、府库、仓库、桥梁、文化设施、礼制建设等，条分缕析，最为详备。

帝开始直到平帝，以后历朝皇帝均常居未央宫，而将长乐宫作为太后的寝宫。

未央宫的主体建筑也似前殿，其规模与长乐宫前殿大体相当，是皇帝朝会诸侯群臣的场所。

建章宫在西城外的上林苑，占地也十分广阔，保存下来的遗迹甚多，如北阙、凤阙、太液池及其他一些殿阁的夯土台基仍清楚可见。

另一所重要建筑为长信宫，位于长安城内东南隅，是皇太后在长乐宫中的常住殿宇。古代地理书籍《三辅黄图》中说："长信宫，汉太后常居之。"

武库遗址位于长乐宫和未央宫之间，平面为横长方形，四面有夯土围墙，内有库房基址7处，发现了一批铁兵器和铜兵器。

因城墙建于长乐宫和未央宫建成之后，为迁就二

宫的位置和城北渭河的流向，把城墙建成了不规则的正方形，缺西北角，西墙南部和南墙西部向外折曲，过去称长安城“南为南斗形，北为北斗形”，因此也称为“斗城”。

全城12个城门每门3个门道。东面自北而南为宣平门、清明门、霸城门，南面自东而西为覆盎门、安门、西安门，北面自西而东为横门、厨城门、洛城门，西面自北而南为雍门、直城门、章城门。

汉长安城内的街道布局，古人有“八街九陌”的说法，据《长安志》记载：长安城中的8条大街，分别是华阳街、香室街、章台街、夕阴街、尚冠街、太常街、藁街和前街。

安门、清明门、宣平门、洛城门、厨城门、横门、雍门、直城门8个城门相通的8条城外大道，加上章城门外便门桥大道，构成古代文献上所说的“长安九陌”。

汉长安城及城内宫殿遗址中有大量的建筑材料、汉俑、简册、秦汉封泥等，这些都是研究汉代历史的重要实物资料。

王莽雕像

据文献记载，汉长安城的一般居民区共划分为160个里，但流传下来的里名总共只有十几个。在长安城北面的横门东西两侧，设有九个市进行交易；另外在覆盎门外也设有市，城南还有专门交易书籍的“槐市”。

南郊的礼制建筑群遗址，以汉辟雍和王莽九庙遗址规模最大，保存较完整。

柱础 我国古代建筑构件的一种，俗又称磉盘，或柱础石，它是承受屋柱压力的奠基石，凡是木架结构的房屋，可谓柱柱皆有，缺一不可。古代人为使落地屋柱不致潮湿腐烂，在柱脚上添上一块石墩，就使柱脚与地坪隔离，起到绝对的防潮作用；同时，又加强柱基的承压力。因此，对础石的使用均十分重视。

辟雍遗址平面外圆内方。中间为一座直径62米的圆形夯土台，台上有平面呈“亚”字形的主体建筑基址，包括主室和四隅的夹室，四边有四堂。这组中心建筑外围方形夯土墙，四面辟门，四隅有曲尺形配房。围墙外边为圜水沟，沟壁砌砖。圜水沟与四门相对处各有一小水沟围绕。

王莽九庙遗址共发现12座建筑基址。这12座建筑基址的形制基本相同，中心是平面呈“亚”字形的主体建筑，外有近方形的围墙，墙的四面辟门。石础上有“始建国”年号，其位置和规模都与《汉书·王莽传》所载的“王莽九庙”相符。

在汉长安城内外还发现汉代制陶、铸钱、冶铸等作坊遗址，如城西北角的六村堡、相家巷一带，发现烧造陶俑和铸铁的作坊遗址。

未央宫北的石渠阁遗址，城东阎新村附近的离宫遗址，城西建章宫范围内的好汉庙、窝头寨，城东南的老君殿、枣园村，昆明池南沧浪河畔的西赵村，城东清明门外等处，都发现有汉代的铸钱作坊遗址。

直城门附近则发现了制造兵器的陶范；在城西南角墙外约300米处还发现铜锭10块。

汉长安城遗物非常丰富，以陶质砖瓦建材的数量为最多，还有铁器、铜器、石器、金属货币等。各个建筑遗址内部都发现有大批的建筑材料，如绳纹板瓦、筒瓦、脊瓦，云纹瓦当，“长乐未央”“长生未央”“长生无极”与“天无极”“千秋万岁”等文字瓦当，回纹方砖、方格纹方砖、素面长条砖以及圆筒形陶水道、陶井圈、石柱础等。

铁兵器有刀、剑、矛、戟、镞、铠甲等；铁工具有斧、锛、凿、锤、釜等；铜器有、鼎、钫、钟、釜及铜戈、铜镞等。

货币有马蹄金、麟趾金和汉半两、五铢及王莽时的大泉五十、货布、货泉、布泉等铜币。

老君 我国道教对老子的神化称呼，又称“太上老君”。多种道教经典对老子有各种神化说法，大致说老子以“道”为身，无形无名，生于天地之先，住于太清仙境，长存不灭，常分身化形降生人间，为历代帝王之师，伏羲时为郁华子，神农时为大成子，祝融时为广成子。

汉代出土玉璧

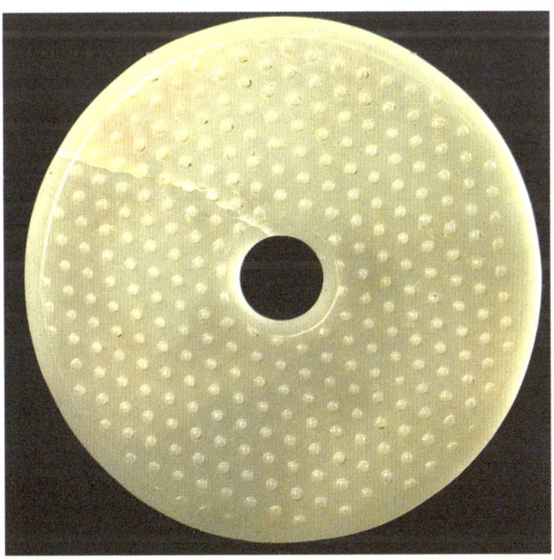

阴阳鱼铜箸

未央宫西北边的一座工官官署遗址内，有3万多片刻字的骨签，内容大多是各地工官向中央政府“供进之器”的记录，是研究西汉经济、官制等方面最具权威性的档案资料。

阅读链接

汉长安城城内街道布局整齐，有8条大街，160个巷里，9个市区。街道宽平，可以并列12个车轨，道旁栽植槐、榆、松、柏，茂密丛荫。最盛时城内人口近30万，是我国历史上第一个规模最大的城市。

汉长安城遗址从1956年至1959年，中国社会科学院考古研究所对遗址进行了全面的勘查和发掘。其城垣内面积达36平方千米，加上建章宫等遗址，总面积达到65平方千米。占西安四大遗址保护总面积108平方千米的五分之三，占到未央区全区262平方千米的四分之一。1961年被国务院列为第一批重点文物保护单位。

江南最大的闽越王城

闽越王城遗址位于福建省武夷山市武夷宫南的兴田镇城村南部。建于公元前202年，系闽越王无诸受封于汉高祖刘邦时营建的一座王城，是我国南方保存最完整、规模最大、出土文物最多的考古遗址。

古城城门

无诸 汉闽越王，姓驺氏，越王勾践的十三世孙。越国解体后，无诸移居闽地，占有福建及周边地区，自称闽越越王。秦统一后，降为郡长。秦以其辖地为闽中郡。王号被撤的无诸怒而揭竿，率闽中兵从诸侯灭秦。项羽掌政令，无诸再次与闽王之称无缘，促使他率兵抗楚，为汉王朝的建立和我国的重新统一立下汗马功劳。

武夷山闽越王城遗址在选址、建筑手法和风格上独具一格，是我国南方城市的一个典型代表，体现了业已消逝的闽越国文明。

闽越，也称闽粤，是我国上古时代的少数民族之一，是百越族群的一支。闽越国是福建历史上地方割据政权中时间最早最长，也最为强盛的诸侯国，闽越国文化也是福建古文化发展的一个高峰。

在闽越国时期，由于城邑建筑的产生和发展，大量先进铁农具的引进和应用，农业生产得到大幅度进步；铁工具的广泛使用促进了手工业的发达；文字进一步推广和普及等，使福建在经济文化上达到空前的程度。

根据史书记载，秦始皇南平百越，百越之君无诸被削去王号，废为“君长”，秦王朝在闽越故地设置闽中郡。

秦朝末年，无诸率闽中兵将参加了轰轰烈烈的反秦大起义，与中原人民共同推翻了秦王朝的统治，接着又参加了汉高祖刘邦对西楚霸王项羽的战争。闽中

古城建筑

军骁勇善战，无诸为刘邦战胜项羽贡献了力量。

古城城墙

公元前202年，刘邦登上皇位，复立古越王后裔无诸为闽越国王。城村古城就是闽越王立国后建设的。无诸也因此成为西汉中央王朝首封的少数民族异姓诸侯。

无诸在位时，维持着与汉中央王朝的良好关系。无诸死后，子孙内讧迭起，频频挑起战争。后成为西汉王朝南方的一股强大的割据势力。东越王余善最后发展到刻“武帝”玺，自立为帝，发兵反汉。

这时的西汉王朝经过近百年的休养生息，国富民强，汉武帝不能容忍各边远地区政权的日益强大，调遣四路大军共数十万人围攻闽越国。

汉王朝同时对闽越国内部采取分化瓦解的手段，争取了闽越繇王居股和部分贵族杀余善后降汉。汉武帝为了彻底消除后患，诏令大军将闽越举国迁往江淮内地，焚毁了闽越国的城池和宫殿。

往事越千年，闽越王城2千多米长的夯土城墙，轮廓依稀可辨。城墙上建有城楼、烽火台，布局严谨，秩序井然，风格追仿秦都汉宫。而干栏式宫房屋结构，又极富闽越地方文化色彩。

王城遗物丰富多彩，其中有不少堪称当时全国之最。宫殿后院的王宫御井，历尽千年仍然水质纯净，清冽可饮，有“华夏第一古井”之称。

闽越王城遗址由三组东西走向的山岗和中心区高胡坪王殿区组

成。遗址坐落在枕山抱水的丘岗之上，城址跨越三座连绵小丘，依山峦起伏之势筑成，西高东低，逶迤而下。

遗址平面呈不规则的长方形，王城四周山阜保存有较好的夯土城墙。城址有陆门4个，水门3个。城门保存完整。城外除天然深谷和洼地外，一般都有墙壕遗址。

王城内部建筑城内地形分南、北、中三个部分：南部为大岗头；北部有马道岗；中部由下寺岗、下寺坪和高胡坪组成。

宫殿区位于城内中央的高胡坪上，体现了我国古代“宫殿居中”的择中观。揭露的一组大型宫殿建筑遗址有正殿、侧厢、庭院、天井、排水沟等，保存相当完整。

宫殿遗址发现大量的陶器、铁器、铜器等。其器形有罐、盆、钵、瓿、壶、盅、铁矛、铁剑、铜镞、弩机等。

在城址中共有数万件汉代文物，由此论断，城村汉城的始建年代，可能是早到西汉前期，即闽越国统治时期，其下限可能延长到西汉末或东汉初年，它的兴废与闽越族的盛衰密切相关。

阅读链接

闽越王城于1958年被发现，由此开启了闽越国文化之谜的大门。1959年冬，福建省文物管理委员会对闽越王城遗址进行局部发掘，出土一批具有汉代特征的文物，从而被确定为西汉时期的古城遗址。

1961年，闽越王城遗址被福建省人民委员会列为第一批省级重点文物保护单位。

1990年，参加国际百越文化学术研讨会的120多位中外专家，登山考察了越王城遗址。1996年，闽越王城遗址被列为第四批全国重点文物保护单位。

1999年作为武夷山境内自然遗址被联合国教科文组织列入《世界遗产名录》。

艺术宝贵的高句丽王城

高句丽王城遗址位于吉林省集安市，包括国内城、丸都山城、王陵及贵族墓葬。高句丽政权存在于公元前37年至公元668年，是西汉到隋唐时期东北地区出现的一个有重要影响的边疆民族政权。

高句丽王城城门

高句丽王城是高句丽民族建筑才华和筑城理念的充分展示，形成了世界都城建筑史上复合式王都的新模式。

周秦时期，高句丽的先人一直生活在东北地区。公元前37年，夫余人朱蒙为躲避祸患，率众南逃至卒本川，即今辽宁省桓仁县，并在这里建立了高句丽政权，定都于纥升骨城。这是高句丽历史上的第一座都城。

公元前19年，高句丽人发现尉那岩一带地势险要，物产丰富。回来以后，薛支便向琉璃明王提出迁都建议。

经过一段时间的考察，琉璃明王确认尉那岩一带地理环境和自然条件优越。于是，琉璃明王决定迁都。

经过一年的筹备，在公元3年冬天，高句丽将都城迁到国内尉那岩一带。国内城成为高句丽历史上的第二座都城。

198年，高句丽的政权传到了第十代王山上王手上。山上王执政后，积极加固扩建尉那岩城，修筑大型宫殿，将尉那岩城更名为丸都城，即后来为人们所熟知的“丸都山城”。高句丽鼎盛时期其势力范围包括吉林东南部、辽河以东和朝鲜半岛北部。

丸都山城

高句丽古墓

668年，高句丽被唐王朝所灭，在历史上持续了705年之久。位于集安市的高句丽古迹，是高句丽王朝的遗迹。在集安市周围的平原上，分布了1万多座高句丽时代的古墓，这就是闻名海内外的“洞沟古墓群”。

高句丽王城、王陵和贵族墓葬及墓室壁画，是已被历史长河湮没的高句丽所创造的辉煌文明的经典。高句丽王城由平原城与山城相互依附共为都城，包括国内城和丸都山城。这是1世纪至5世纪高句丽早中期的都城，也是高句丽政权延续使用时间最长的都城。

国内城地处鸭绿江中游右岸的通沟平原上，北有禹山，东有龙山，西有七星山，是东北亚地区中世纪时代城址中为数不多的地表保存有石筑城墙的平原城类型的都城址。保存下来的城墙依然坚实牢固而又不失美观庄严，都城风范犹存。

而早在高句丽迁都国内城之前，这里已有战国末

鸭绿江 关于鸭绿江的名称来源有多种说法：一是因江水颜色似鸭头之色而得名。二是因上游地区有鸭江和绿江两条支流汇入，故合而为一，并称为“鸭绿江”。三是“鸭绿”一词为古阿尔泰语，是“匆忙的、快速的”意思，用来形容水流湍急的状态。

鎏金 我国古代的一种金属加工工艺，是将金和水银合成金汞齐，涂在铜器表面，然后加热使水银蒸发，金就附着在器面不脱。关于金汞齐的记载，最初见于东汉炼丹家魏伯阳的《周易参同契》。而关于鎏金技术的记载，最早见于梁代。这种技术在春秋战国时已经出现。汉代称为“金涂”或者“黄涂”。

至西汉初的土筑城墙，应是汉代玄菟郡辖下的一座城邑。国内城现有石质城墙是高句丽迁都后于3世纪所建。国内城略呈方形，内外两壁全部以长方形石或方形石条垒砌。下部砌成阶梯形，逐层内收。每隔一定距离构筑马面，四角设有角楼，以提高防御能力。

部分城墙已失去本来面貌。现存城垣宽7米至10米，最高处三四米。原有城门6处，南北各一处，东西各两处。东门叫“辑文门”，西门叫“安武门”，南门叫“襟江门”。

国内城西南方存有大量瓦砾、陶片和完整的鎏金铜佛，应是有寺庙一类建筑；城东及城北，出土成排的础石、砖瓦等建筑遗迹、遗物，还有鎏金箭头、白玉耳杯、陶器等珍贵遗物，应为贵族居住址或官署。

丸都山城是凭借自然山势的走向构筑城墙，城墙高低起伏。在山崖陡峭险峻处筑低矮城墙或不筑。山

洞沟古墓群

丸都山城遗址

脊平缓处，高筑城墙，使城外高墙绝壁，防御能力增强。山城北高南低，形状就像向南倾斜的簸箕。城墙呈不规则的长方形。山城东墙、北墙西段、西墙北段保存较好，高处可达四五米，由20多层修琢工整的长方形和方形石条构筑，结构严谨。

城墙的石材自下而上，逐层内收，上部筑有1米左右的女儿墙，女儿墙内壁下部有一排筑洞，相距两米左右。

全城有门址6处，南侧谷口处有一处瓮门，东北面城墙上各发现两处门址，南墙西部现有一处城门址， 西城墙上未发现门址。

丸都山城内有泉水两处，一在城西北角，一在城东山脚下，在南城门汇于一处，注入通沟河。

城内有地面遗迹三处，蓄水池一处，墓葬37座。宫殿遗址在东侧山坡下，到处是瓦砾和成排的础石。

瞭望台也称点将台，在南门以北的高岗上，用石块垒筑，登台可望见通沟平原及国内城。瞭望台北发现一处戍卒居住址。

东南有一蓄水池也称饮马湾。城内的墓葬以石坟居多，大约是山城废弃后埋葬的。

四神 也叫作四象，四灵。我国春秋战国时期，由于五行学说的盛行，所以四象也被配色成为青龙，白虎，朱雀，玄武。四神在我国古代中另一个主要表现就在于军事上，早在战国时期，行军布阵就有“前朱雀后玄武，左青龙右白虎”的说法。

建筑群中有对称结构的两处八角形遗址，鉴于寺庙等处经常出现八角形建筑，可能是举行祭祀和仪礼的场所。在东北亚地区中世纪时代城址中，国内城与丸都山城是都城建筑的杰作。

高句丽王城外，在群山环抱的洞沟平原上，有近7000座高句丽时代墓葬，堪称东北亚地区古墓群之冠。洞沟古墓群的许多墓室里绘有线条飘逸流畅、内容丰富并具有传奇神话色彩的精美壁画，距今虽已千余年，仍色彩鲜艳，著名的壁画墓有角抵墓、舞踊墓、三宝墓、四神墓、五盔坟等。

洞沟古墓群中以将军坟、太王陵为代表的14座大型高句丽王陵及大量的王室贵族壁画墓，从不同侧面反映了高句丽的历史发展进程。

好太王碑

其中，集安城东北的龙山悬崖上的将军坟，据考为20代王长寿王陵，造型颇似古埃及法老的陵墓，有“东方金字塔”之称。将军坟墓体呈方锥形，共有7级阶梯，墓体建筑雄伟，造型明快庄严，是高句丽建筑技艺、艺术成就所达高度的一个缩影。

将军坟不远处的太王陵，太王陵的东侧矗立着被称为“东方第一碑”的好太王碑，是长寿王为纪念第十九代王永乐太王而建。

碑石由一块方柱形巨石修琢而

成，四面环刻文字共1775个，字体介于隶书与楷书之间，形成一种方方正正的书法风格，是我国书法由隶入楷的重要例证之一。碑文书法方严端庄、朴茂古拙，备受书法家赏识。

汉字镌刻的碑文记述了好太王一生的功绩和有关高句丽起源及建立政权的传说，是高句丽保存至今最长的一篇实物文字资料。

阅读链接

在2004年举行的第二十八届世界遗产委员会苏州会议上，高句丽王城、王陵及贵族墓葬被列入《世界遗产名录》。

在历史上曾出现过两个名为高丽的政权。一个是立国于公元前37年，在我国西汉玄菟郡高句丽县境内出现的名为“高句丽”的中国古代东北地方少数民族政权，我国史书也称之为“高丽”。

另一个立国于918年，在朝鲜半岛，也名为“高丽”。一般以“高氏高丽”称呼前者，因为其统治者姓高；以“王氏高丽”称呼后者，因为其统治者姓王。

藏地神秘的古格王朝

古格故城位于西藏自治区阿里扎达县扎布让区境内托林镇西北的象泉河南岸。距今有1300年的历史，为曾经拥有百万之众的金戈铁马的吐蕃王室后裔于10世纪前半期所建，偏居此地700余年，传承20余代国王，其间不断扩建，于17世纪灭亡。

古格王朝遗址

古格王国遗址

古格王国遗址是研究我国西藏历史和10世纪以来藏族建筑史的珍贵资料。古格王朝的前身可以上溯到象雄国，是在统一西藏高原的吐蕃王朝瓦解后建立的，它是吐蕃王室后裔在吐蕃西部阿里地方建立的地方政权，其统治范围最盛时遍及阿里全境。

古格王朝不仅是吐蕃世系的延续，而且使佛教在吐蕃瓦解后重新找到立足点，并由此逐渐达到全盛。因此古格王朝在西藏历史上具有重要意义。

古格王朝遗址约为72万平方米，共有房屋遗迹445间，窑洞879孔，碉堡58座，暗道4条，各类佛塔28座，洞葬1处，发现武器库1座，石锅库1座，大小粮仓11座，供佛洞窟4座，壁葬1处，木棺土葬1处。

古格王朝遗址被众土林远远近近地环抱其中，因其是用取自周围土林的黏性土壤建筑而成，所以古老城堡的断壁残垣与脚下的土林浑然一体，使人难以分

象雄国 古代青藏高原上的大国。古汉文音译象雄为羌、羊同或扬同，近人音译为象雄，与藏语音更为接近。象雄古国是横跨中亚地区及青藏高原的大国，早在公元前5世纪前就产生过极高的远古文明，甚至早于我国的夏、商、周，是现今西藏文明真正的根。

辨究竟何为城堡、何为土林。

古格王朝整座城堡建筑在一座黄土坡上，地势险峻，遗址占地约18万平方米，从山麓到山顶自下而上，依山迭砌，王宫建筑、佛塔和洞窟、碉楼密布全山，达600余座，形成一座庞大的古建筑群，气势恢宏壮观。

古格王朝宫殿建筑主要集中在山顶东南部，共有房屋56座，多数为一层建筑，也有二三层建筑。王宫西面，有一处面积约200平方米的建筑残迹，系当年王朝集会的议事大厅，为王城中最轩敞的建筑，现仅存围墙。

山顶北部有一洞口，通向国王“冬宫”，由8个窑洞组成。冬宫为地道式建筑，盘旋通往山下，其间有一连串地穴式房屋，有望孔、小窗，室内套室，洞中有洞，颇为复杂。

古格王朝崇尚佛教，曾多次派人到克什米尔学经，翻译佛经108部。1042年，印度高僧阿峡底到阿里地区弘法，使阿里成为佛教复兴之地，佛教史称之为“卜路弘法”。

古格遗址现存较好的有寺庙、殿堂5座。分别为渡母殿、红殿、白殿和轮回殿。这些寺庙都带有浓郁的西藏建筑风格。

断壁与护法神殿

古格王国遗址

红庙和白庙是6座寺庙中规模最大的，面积各300多平方米，有700余平方米的壁画。壁画题材有各类佛、菩萨、度母、护法神、高僧像以及吐蕃赞普世系图、古格王及臣后礼佛图、释迦牟尼传记图等。

古格壁画是古格艺术的精品，壁画上的人物极具动感，数千人物绝少雷同。庙内天花板上的图案多达500多种，大部分为装饰图案，少量为飞天、瑞兽题材。这些图案色彩浓艳，线条流畅，借鉴了印度、尼泊尔艺术的表现手法，充分体现了古格王国独特的艺术气质和时代风格。

这些气势宏大、风格独特、绚丽斑斓的图画，反映了当时社会生活的各个方面。所绘人物性格突出，用笔洗练，丰满动感的女性人物尤具代表性。古格遗址周围发现的雕刻、造像及壁画等揭开了古格王朝的神秘面纱。

传说古格王国时期这个地方素以精于冶炼与金银器制造而闻名，当年阿里三围以托林寺为主寺的下属24座寺院的金属佛像与法器，都由鲁巴铸造。

飞天 意为飞舞的天人。在我国传统文化中，天指苍穹，但也认为天有意志，称为天意。在佛教中，娑婆世界由多层次组成，有诸多天界的存在，这些天界的众生，中文翻译为天人，个别称为天神，常简称为天，飞天即是此意。飞天多画在佛教石窟的壁画中。

据说鲁巴铸造的佛像用金、银、铜等不同的原料合炼而成，工艺精湛，通体全无接缝如自然形成，其价值甚至超过了纯金佛像。

在皮央遗址杜康大殿有一件精美的铜佛像，头戴化佛宝冠、4臂各执法器、头生3眼，这尊金黄色铜像却发出闪闪银光，晶莹锃亮，这就是著名的“古格银眼”。

“古格银眼”的铜像，只有古格才能制作，更是被视为佛像中的精品，因为极少流传于世，所以尤为珍奇。

古格盛产黄金白银，在托林寺、札不让、皮央东嘎都发现过一种用金银汁书写的经书，而且出土的数量极大。这种经书以文书写在一种略呈青蓝色的黑色纸面上，一排用金汁、一排用银汁书写，奢华程度无以复加。

古格王朝的防御区主要有3个古代防御工事，一个扼守在河口，一个雄踞在一座小山上，还有一座则屹立于象泉河床附近，三座防御工事呈犄角状互相呼应。

在古格都城遗址北面的一处断崖上，有一个著名的“干尸洞”。据说这是古格王国灭亡后留下的最后遗迹。洞窟开凿在山沟崖壁上，洞口很小。

阅读链接

对古格王朝古城遗址进行考察是从1985年西藏自治区文管会组织的考察队开始的。

在年轻考古学家张建林率领下，考察队对古格遗址进行了大规模的考古调查，3年后，张建林和骨干队员仵君魁执笔写出了考古学巨著《古格故城》。

这部巨著的问世，在考古学界所引起的震动和赞誉自不待说，就连国家领导人出访美国时，都随身携带该书，作为礼品郑重地赠送给大洋彼岸的美国朋友。

最久国都的汉魏洛阳

汉魏洛阳故城位于河南省洛阳市东郊区与偃师市、孟津县毗连处。北靠邙山，南临洛河。该城始建于西周初年，废弃于唐初，前后延续使用近1600年。东周、东汉、曹魏、西晋、北魏等朝代先后以此

洛阳龙门石窟雕刻

■龙门石窟 我国石刻艺术宝库之一，开凿于北魏孝文帝年间，之后历经东魏、西魏、北齐、隋、唐、五代的营造，今存有窟龛2345个，造像10万余尊，碑刻题记2800余品。其中“龙门二十品”是魏碑书法精华，褚遂良所书的“伊阙佛龛之碑”则是初唐楷书艺术的典范。

为国都，都城史长达540年以上。

此外，西汉及新莽末年绿林军拥立的更始帝，也曾建都于此。后赵、北周曾以此为南都、西京。

如包括这些，汉魏洛阳故城无疑是我国所有都城遗址中定都时间最长、规模最大且保存较为完整的古城遗址。

汉魏时期的都城洛阳，是全国政治、经济、文化、交通的中心，也是世界上第一流的大都市。140年，洛阳人口达100万以上，当时中外交流频繁，这里不仅是丝绸之路的东方起点，也是东方文明向东传播的源头。

北魏时，洛阳城有里坊320个，城内外有佛寺1300多所。驰名中外的龙门石窟、巩县石窟寺也是北魏时期开凿的。当时的洛阳不但经济繁荣，商业发达，而且文化昌盛，人才荟萃。

洛阳故城今存遗址内城城墙皆夯土版筑而成，周长约14千米。

汉魏洛阳故城分别有宫城、内城、外郭城三重城圈，遗址区地上和地下遗迹、遗物十分丰富。重要遗迹由内到外主要有：宫城、内城、外郭城、金墉城、永宁寺塔基遗址、太学遗址、东汉灵台遗址和金村大墓等。总面积近100平方千米，是近代以前世界上规模最大的古代城址，基本上为北魏时期所遗留。

宫城位于内城中北部，位置适中略偏西，是都城里最重要的中心建筑区。宫城的四面墙垣保存尚好，墙基虽已埋没地下，但尚能连接起来。

在南墙的偏西处，有门址一座，形制宏大，当是宫城的正门，按文献记载北魏时叫“阊阖门”。阊阖门是在魏晋宫门旧址上建造起来的。它是以柱网构成的殿堂式城门楼建筑，面阔7间，进深4间。

整个门址位于宫墙后侧，门前两侧分别有巨大的

曹魏 即三国时期的魏国，因由曹操之子曹丕建立，多称曹魏，是三国之中最强大的一国。东汉末年，天下扰乱，群雄逐鹿，曹操在军阀混战中，势力逐渐增强，并且控制了东汉朝廷，为曹魏的建立奠定了基础。220年，曹操逝于洛阳后，曹操之子曹丕逼汉献帝退位、篡夺汉室政权，在洛阳称帝，曹魏始建。

北魏栈道石刻

> **太学** 我国古代的大学，是传授儒家经典的最高学府。太学之名始于西周，汉代始设于京师。汉武帝时，董仲舒上“天人三策”，提出“愿陛下兴太学，置明师，以养天下之士”的建议。太学之中由博士任教授，初设五经博士专门讲授儒家经典《诗》《书》《礼》《易》《春秋》，学生称为“博士弟子”或“太学弟子”。

子母土阙与宫城南墙及两侧院落南墙相连接。

宫城的西部，应是汉北宫和北魏宫城中的主要殿堂之地，传说中“金銮殿”，即指北魏太极殿遗址。南对阊阖门，呈长方形，地下保存的夯筑地基厚达6米以上，其周围有密集成组的夯土基址。

内城即东周、东汉、曹魏、西晋时期的洛阳城，平面略呈南北长方形，古称“九六城”。内城垣除南垣因受洛河的北移被冲毁外，东、西、北三面墙垣，断断续续依然留在地面上，内城北垣东段高出地面5米至9米。

城墙宽约14米至30米，系夯土版筑，细密结实，墙垣上一排排的版筑夹棍眼的痕迹，仍清晰可见。探见城门阙口10座。城内一共发现东西横道四条，南北纵道四条。

北魏彩绘陶俑

东汉太学遗址在内城南郊，始建于公元29年，在校太学生曾多达3万余人。175年，于太学讲堂前立石碑46通，史称熹平石经。至241年，又立石经28块，史称正始石经。

北魏网纹玻璃杯

太学遗址分为东西两大部分，在遗址内部有大面积的夯土建筑遗址，在遗址上有一排排的建筑房基，或为东西长方形，或为南北长方形，排与排之间距离相等，排列有序。

太学是古代传授儒家学说的最高学府，熹平石经是我国最早的官定儒学经本。发现于偃师东大郊村内的西晋辟雍碑，碑文详细记载了西晋武帝司马炎及其太子到太学视察，并亲至辟雍行礼的情况。

东汉灵台是我国古代用来观察天象的高台建筑。遗址在内城南郊，创建于公元56年，是当时最大的国家天文台，也是我国发现最早的一座天文观测台遗址。曹魏、西晋相继使用，达250余年之久。

灵台遗址范围达4万多平方米，每面墙垣各开有门，四面共开12门。中心建筑是一座方形夯土高台，高台四周有上下两层建筑。

东汉杰出科学家张衡，曾先后两次任太史令10多年，领导、主持和参与了灵台的天象观测和天文研究。他设计制造的“浑天仪”“地动仪”等精巧绝

张衡（78年—139年），字平子。生于东汉时南阳西鄂，即今河南省南阳市。东汉时期伟大的天文学家、发明家、制图学家、数学家、地理学家、文学家、学者。他为我国天文学、机械技术、地震学的发展做出了不可磨灭的贡献。后世称张衡为“科圣”。

■地动仪　是张衡的杰出发明，东汉时期，地震比较频繁。给人民造成了巨大的损失，张衡为了掌握全国地震动态，他经过长年研究，终于发明了候风地动仪。这也是世界上第一架地动仪。在通信不发达的古代，地震后，为人们及时知道发生地震和确定地震大体位置有一定的作用。

伦的科学仪器，当时都安放在灵台之上。位于内城西北角的金墉城，为曹魏明帝所筑。总面积26万平方米，城小而固，魏晋时被废帝、后多安置于此，实为洛阳城的军事要塞。

金墉城由南北毗连的3个小城构成，平面呈“目”字形，城垣夯筑，共有城门八座。最北一城西垣、南垣各一门，中间一城西垣二门，南面一城四面各开一门，遗址内有夯筑台基、砖砌基址多处。

史书记载，当年金墉城“重楼飞阁，遍城上下，从地望之，有如云也”，足见其豪华壮丽。

阅读链接

1956年，河南省将汉魏洛阳故城列为保护古迹之一。从1962年开始，我国考古工作者对汉魏故城遗址进行全面考古发掘，发掘工作至今仍在进行。现为全国重点文物保护单位。

2005年底，洛阳市完成了北魏洛阳永宁寺塔基遗址保护工程，这是汉魏洛阳故城保护展示的第一个项目，也是汉魏洛阳故城对外展示的第一个窗口和平台。2006年，《洛阳市汉魏故城保护条例》出台，为汉魏故城遗址的保护提供了法律武器。

三国时期著名的吴王城

吴王城遗址位于湖北省鄂州市凤凰街百子畈村，北倚长江滨，南濒洋澜湖，东抵虎头山，西接古楼街。据考古专家多次考察研究证实，这是三国时期古城墙遗址中比较明确的唯一城址，具有很高的历史价值。

吴王城遗址是三国时期东吴都城。221年，孙权自

孙权（182年—252年），字仲谋，三国时期吴国的开国皇帝。208年，孙权与刘备联盟，大败曹操于赤壁，天下三分局面初步形成。219年，孙权偷袭刘备的荆州成功，使吴国的领土面积大大增加。222年，孙权称吴王，229年建立吴国。

■青瓷双耳罐

公安来鄂，不久，接受魏文帝曹丕所封吴王称号，开始营建吴王城。孙权又取“以武而昌”之意，把鄂县改名“武昌”，故名武昌城。

229年，孙权在此地称帝，又名吴大帝城。之后，孙权迁都建业，即后来的南京，派上大将军陆逊辅佐太子孙登留守武昌，成为东吴陪都，称为“西都”。

孙权死后，大臣诸葛恪挟天子当政，派人重修武昌宫殿，准备还都武昌，后因发生了事变而没有迁都。265年，末帝孙皓徙都武昌，留御史大夫丁固、右将军诸葛靓镇守建业，武昌再度成为孙吴的首都，建业却成了陪都。

东吴统治期间，孙吴三建武昌宫，二度建都武昌，共历时50余年，现在已有1700余年的历史了。

吴王城遗址呈长方形，现存南城墙夯土城墙一段，城墙外是护城河，现存一段，名为濠塘。

据《元和郡县志》记载：孙权故都城，汉将灌婴所筑。

陆逊 本名陆议，字伯言，三国时期东吴名将，历任吴国大都督、上大将军、丞相。东吴大帝孙权兄长沙桓王孙策之婿，世代为江东大族。222年，陆逊在夷陵击败刘备所率蜀汉军，一战成名。夷陵之战也成为战争史上著名的积极防御的成功战例。

《太平寰宇记》记载：

> 城有五门，多以所向为名。西北角多有一道门，名叫流津。流津城门直通吴王苑囿——江边散花滩。宫城东有鸡鸣阙。

传说吴王在宫城完工之后，为了很快地把阙建成，当夜有鬼怪神力相助建阙，一夜之间至天亮鸡鸣时即全部完工，故名“鸡鸣阙”。

唐代诗人陈子昂《感遇诗》中云：“鬼工尚未可，人力安能存。”即指这一典故。这一故事，在鄂州民间一直广为流传。

吴王城遗址内有武昌宫，四周有宫城，宫城内有太极殿、礼宾殿、安乐宫。太极殿，是孙权称帝时大会群臣的金銮宝殿；礼宾殿是举行祭礼和接见宾客的地方；安乐宫是孙权的起居之所。

吴王城宫殿建筑材料昂贵，《太平寰宇记》记：

> 武昌宫殿砖瓦用澄泥制成，可以为砚，一瓦值万钱。

在城的周围设有多处军事堡垒：城西的樊口戍，占西山之利，扼长江之险，赤壁之战中孙刘联军的千百只

赤壁之战 三国形成时期，孙权、刘备联军在长江赤壁一带大破曹操大军，最后以火攻大破曹军，曹操北回，孙刘双方各自夺去荆州的一部分，从此奠定了三国鼎立的基础，是以少胜多的著名战役，也是三国时期“三大战役”中最为著名的一场。

三国时期石俑

战船，就是从樊口戍出发的。城对岸筑有邾城，派重兵驻守，以对付曹军。城东西两面的高山顶上，都建有烽火台，以传军事警报。

自吴王城出西门，有一座山临江而立，逶迤曲折，林木葱茏，古称樊山，又称西山，是当年吴王孙权避暑读书之地，现存有避暑宫、即位坛、读书堂、广宴楼、试剑石等遗迹。

西山寺是在当年吴王避暑宫旧址上修筑的，寺中大雄宝殿旁的月门上，正面写有“英雄避暑”，背面写有“清凉福地”，相传此地就是避暑宫殿旧址，内有孙权塑像，能勾起人们怀古的幽情。

出寺便是广宴楼，相传是当年孙权宴饮群臣之地。在山顶，有一土坛，人称“即位坛”，为孙权称帝筑坛祭天的地方。吴王“读书堂”遗址掩映在修竹茂林之中，旁边有“吴王井”，相传孙权当年曾在此汲水煮茶。

往西山主峰，半山处有两块巨石，一立一卧，仿佛用利剑劈削而成，旁边石碑上刻着“吴王试剑石”几个大字。距巨石不远，另有一巨石平卧，石上有一个工整的“十”字，将巨石一分为四，传说是孙权和刘备比试剑锋时留下的剑痕。旁有一潭池水，名“洗剑池”。

阅读链接

相传吴王孙权生来紫髯碧眼，目有精光，方颐大口。形貌奇伟异于常人。自幼文武双全，早年随父兄征战天下。善骑射，年轻时常常乘马射虎，胆略超群。曹操曾称赞道：“生子当如孙仲谋。”

南宋诗人王十朋在鄂州凭吊昔日孙权故都时，睹物思情，在《吴大帝庙》诗中，不由得抒发起江山依旧，人事已非的沧桑之感：

樊山八字形长在，汉鼎三分国已墟。

安乐故宫犹庙食，遗民时荐武昌蔬。

佛像最丰富的邺城

邺城遗址位于河南省安阳市和河北省临漳县交界处，是我国曹魏、后赵、冉魏、前燕、东魏、北齐都城遗址。

临漳古称邺，据黄河流域政治、经济、军事、文化中心长达4个世纪之久，是中华文明重要发祥地之一，素有“三国故地、六朝古都”之誉。同时，邺城也是西门豹投巫治邺之地、建安文学发祥地、中轴对称都城建设规划肇始之地。

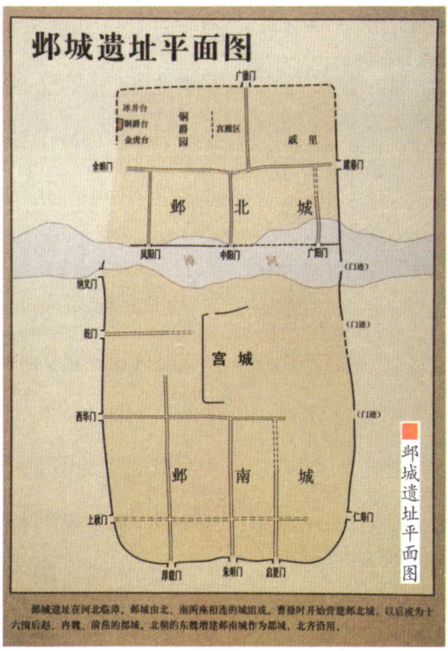

邺城遗址平面图

邺城遗址位于邺城御道附近，分北邺城和南邺城两部分，大体呈日字形。北邺城为曹魏时期的城市布局， 204年，曹操受

■邺城三台遗址

封魏王后，在此主持营建。

北城的外城共设7个门，南面3个分别为广阳门、永阳门和凤阳门，北面两个分别是广德门和厩门，东西各一个门，分别是建春门和金明门。

一条连接建春门和金明门的东西大街将北邺城划分为南北两个区域，北区中部是宫殿和官衙，西部是铜雀苑，又称铜爵苑，铜雀苑既是游园，也是建安文学人士的重要活动场所。

曹操在铜雀苑西侧的西城墙上修筑了三座高大的台榭，由南向北依次是金虎台、铜雀台、冰井台。三台是我国古代台式建筑的巅峰之作。

北邺城东部是贵族集居区“戚里”。南区主要是居民区、商业区和手工业区。被南北向道路分割成长寿、吉阳、永平、思忠四里。

武器库和马厩在三台南面的西城墙下。穿过北邺城中间的这条河称为长明沟，引漳水而通往城内，是北邺城主要的用水来源。曹魏时期，漳河在北邺城城外北面流过。北邺城规划整齐，交通便利，对北朝、

建安文学　“建安”是我国东汉末年汉献帝的年号，当时政治大权完全操纵在曹操手里，所以那时的文学领袖都是曹家人物，当时最著名的建安七子也大多死于建安年间，故称这时期的文学为建安文学。正是有了建安时期的文化裂变，才使得各种文化思想能够纷纷登场以及流行。

隋唐都城的建设产生过深刻影响。

北邺城在曹丕代汉移都洛阳后，以此为北都。后赵、东魏、北齐相继建都邺城，577年北齐亡，此城衰落。

南邺城是538年的东魏时期，在北邺城的基础之上续建而成。南城紧靠北邺城，二者合二为一，共用一墙，北城南墙即南城北墙，南邺城的北门就是北邺城的南门。

南邺城城垣迂曲，墙外有护壕。宫城设在城北部中央，宫北有后苑。居民区分设里坊。正南门朱明门已经发掘，为三门道，门南侧有方形阙楼夯基。南邺城最终毁于隋代。

因漳水泛滥与改道，邺城遗址遭到严重破坏，今地面所存，仅金虎台、铜雀台等部分残基以及瓦当、石螭首等遗物。

东魏北齐时，邺城是中国佛教文化中心，仅邺城

佛教 最早的世界性宗教，距今三千多年，在东汉明帝时经丝绸之路正式传入我国。佛教是世界三大宗教中历史比较悠久、影响也比较大的一个宗教。佛教虽然来自印度，但其成熟和发展是在中国完成的，它既吸收了中国传统文化，又丰富了中国传统文化，具有博大精深的文化内涵。

邺城博物馆

周边就有大型寺庙4000余座，僧尼8万多人。如此规模宏大、地理位置重要的多院式佛教寺院，无疑具备了皇家寺院的气派。当时的统治者将国库收入的三分之一用于建设佛寺。

遗址东部北吴庄佛造像埋藏坑内有佛教造像2800多件，是我国数量最多的佛造像埋藏坑。这些佛教造像，有题记的超过百件，绝大多数是汉白玉造像，少数为青石造像。根据造像特征、题记年代等初步确认，佛造像时代主要是东魏北齐时期。

同时，佛教造像工艺精湛，造型精美，类型多样，题材丰富。其中“龙树背龛”的佛造像精美绝伦，为我国北方佛教史上首次发现。

造像多数为背屏式，另有部分单体圆雕的佛和菩萨。主要题材有释迦像、弥勒像、释迦多宝像、思维太子像、观音像、双菩萨像等。这些都充分显示了北朝晚期邺城作为北方地区佛学中心和文化艺术中心的历史地位。

邺城作为魏晋、南北朝的六朝古都，在我国城市建筑史上占有辉煌地位，堪称我国城市建筑的典范。全城强调中轴安排，王宫、街道整齐对称，结构严谨，分区明显，这种布局方式承前启后，影响深远。特别是它对后来的长安、洛阳、北京城的兴建乃至日本的宫廷建筑，都有着很大借鉴和参考价值。

阅读链接

1957年后，邺城遗址开始调查发掘，1988年，邺城遗址被评为全国重点文物保护单位，2005年列入全国36处大遗址之一。

2012年，中国社科院考古研究所与河北省文物研究所联合组成考古队在邺城遗址东部北吴庄佛造像埋藏坑进行考古发掘，发掘出众多佛造像，这处埋藏坑位于东魏北齐都城邺城遗址东城墙东侧，据专家推测，为东魏北齐邺城外郭城内。

神秘王国的楼兰故城

楼兰故城是汉、魏、西晋时期重要的古城遗址，位于新疆维吾尔自治区若羌县孔雀河下游罗布泊西部，处于西域的枢纽，在古代丝绸之路上占有极为重要的地位。

楼兰属西域三十六国之一，与敦煌邻接，据《史记·大宛列传》记载："楼兰、姑师，邑有城郭，临盐泽。"西汉王朝与匈奴激烈抗争，通达西、南业只能取道阿尔金山、昆仑山北麓或天山南麓。

楼兰古城遗址

丝绸之路 始于我国古代的古都长安，即今西安，连接亚洲、非洲和欧洲的古代陆上商业贸易路线。它的最初作用是运输我国古代出产的丝绸，因此被命名为“丝绸之路”。它也是一条东方与西方之间经济、政治、文化进行交流的主要道路。

当时，我国内地的丝绸、茶叶，西域的马、葡萄、珠宝，最早都是通过楼兰进行交易的。位于西行孔道的楼兰很快发展成为“丝绸之路”上的新兴都市，在魏晋及前凉时期为西域长史治所。在遗址中发现的汉文文书上，用“楼兰”佉卢文称呼该城。

楼兰王国从公元前176年以前建国，范围东起古阳关附近，西至尼雅古城，南至阿尔金山，北到哈密。到630年消亡，共有800多年的历史。

汉时的楼兰国，有时成为匈奴的耳目，有时归附于汉，玩弄着两面派的政策，介于汉和匈奴两大势力之间，巧妙地维持着其政治生命。

由于楼兰地处汉与西域诸国交通要冲，汉不能越过这一地区打匈奴，匈奴不假借楼兰的力量也不能威胁汉王朝，汉和匈奴对楼兰都尽力实行怀柔政策。

楼兰古城断壁

苍凉的楼兰古城

4世纪中叶以后，随着丝路交通的转移，楼兰逐渐衰落，后沉没在沙碛之中……

古城平面近正方形，城墙长期受东北向季风吹蚀，几乎全部为流沙所掩埋。楼兰古城四面城墙正中部有缺口，似为城门，其中西城墙缺口处有两个残土墩，相距 4米，似为瓮城遗迹。城墙用红柳枝与黏土相间筑成，未经夯打。

城内有一条古河道，自西北流向东南，与孔雀河支流相通，将城址划分为西南区和东北区。西南区保存着成片建筑遗迹，木质柱梁及红柳墙清楚可见。

楼兰城内最高建筑物是位于城东部的一座佛塔。塔身是由土坯加木料垒砌而成的；塔基为方形，塔身圆柱形，由土坯砌成。

塔南的土台上，有一组高大的木构建筑遗迹，发

西域 指我国汉代以来对玉门关、阳关以西，葱岭即今帕米尔高原以东，巴尔喀什湖东、南及新疆广大地区的称谓。而后来发展为广义的西域，则是指凡是通过狭义西域所能到达的地区，包括亚洲中、西部，印度半岛的地区等。另外还有两个说法，一是指佛家所指西方佛祖居住的西天，另一是指传说中西王母所居的地方。

> **简牍** 我国古代遗存下来的写有文字的竹简与木牍的概称。用竹片写的书称“简策”，用木板写的叫“板牍”。超过100字的长文，就写在简策上，不到100字的短文，便写在木板上。写在木版上的文字大多数是有关官方文书、户籍、告示、信札、遣册及图画。

现有汉文、佉卢文文书及简牍、五铢钱、丝毛织品、生活用具等。建筑遗迹呈四合式院落。最主要的一处建筑是位于古河道南的“三间房”，为城内最显眼的标志之一。

“三间房”的院落坐北朝南，直接对着南城门。土坯砌墙，东西两厢房可见遗迹，墙用大木材作框架，红柳枝夹条，外涂草泥。

这三间房的墙壁是城中唯一使用土坯垒砌而成的，东西两端的房屋都是木结构，构筑的特点是取平整枋木置于地面。枋木两端凿榫立柱架梁，四周木梁，柱架纵横，总数不下百根。

此处曾发现西域长史府大批文书、残简和木尺、笔、漆器、陶器及早期粟特文和佉卢文文书，从这一组建筑物的位置和构造等情况分析，这里可能就是当

■ 楼兰古城遗址出土的毡帽

五铢钱 我国钱币史上使用时间最长的货币，也是用重量作为货币单位的钱币。五铢钱在我国5000年的货币发展史上产生了一定的影响。五铢钱奠定了我国铜钱圆形方孔的传统。这种小铜钱外圆内方，象征着天地乾坤。在下面用篆字铸出“五铢”两字。

年楼兰城统治者的衙门府所在地。

其西的一组庭院，可能是官宦宅邸，南边分布着矮小的民居。城中发现的各种文书、简牍，被称作罗布泊文书。

在城内还发现大量的厚陶缸片、石磨盘断片、残破的木桶和各种钱币、戒指、耳环和汉文木简残片等。这些物品，对研究楼兰古城历史，都是无价之宝。古楼兰城内有一条东西走向、穿城而过的古渠道遗迹，可能就是古楼兰城居民直接取水的水源。

城内外都发现大量细石器、玉石斧、汉式弩机、各种铜镞、五铢钱、半两钱、货泉、陶器、玻璃器和金器、铜器、木器、纺织品、饰件及玛瑙珠，还有一枚贵霜王国钱币。

故城东北有两处两汉时期的墓地，其中 9座墓葬为竖穴土坑，有单人、双人和多人葬 3种。出土遗物除具有鲜明地方特色的弓箭、木器、手制陶器外，还有来自中原地区的铜镜、锦、绢、漆器。

罗布泊以东发现了一些外形特殊的古墓。围绕墓穴是一层套一层共七层由细而粗的圆木，圈外又有呈放射状四面展开的列木。整个外形像一个大太阳，不

罗布泊 诞生于第三纪末、第四纪初，距今已有1800万年，面积约2万平方千米以上，在新构造运动影响下，湖盆地自南向北倾斜抬升，分割成几块洼地。汉代，罗布泊“广袤三百里，其水亭居，冬夏不增减”，这种现象使人猜测它“潜行地下，南也积石为中国河也”。这种误认罗布泊为黄河上源的观点，由先秦至清末，流传了2000多年。历史上，罗布泊的最大面积为5350平方千米。

由得让人产生各种神秘的联想。

墓中死者有的衣着完整，是一些属于“深目高鼻”的古欧洲人种，与现代北欧人很相似。他们的头骨可以分成两组，一组与南西伯利亚、阿尔泰地区青铜时代的安德洛诺沃文化相近；另一组与时代更古老的阿凡纳沃文化相近。也就是说，在同一地点，埋葬着两批体态不同的古欧洲人。

特别是墓中出土的一具中年女性干尸，经测定，表明是一具距今3800年的古尸。她体肤指甲均保存完好，有一张瘦削的脸庞，尖尖的鼻子、深凹的眼眶，褐色的头发披肩。

另外，她的上身裹着一块粗毛织的毯子，胸前的毯边用削尖的树枝别住，下身裹着一块羊皮，脚上穿一双翻毛皮质的鞋子，头上戴毡帽，帽上还插了两根雁翎，被世人称为“楼兰美女”。

在人类历史上，楼兰是个充满了神秘色彩的名字。它曾经有过的辉煌，形成了它在世界文化史上的特殊地位。

阅读链接

1900年，瑞典探险家斯文·赫定正在罗布泊西部探测，偶然发现了一座高大的佛塔和密集的废墟，那里有雕刻精美的木头半埋在沙中，还有古代的铜钱。随后他们又在这片废墟东南部发现了许多烽火台一起延续到罗布泊西岸的一座被风沙掩埋的古城，这就是楼兰古城。

1901年，斯文·赫定在遗址中掘取了大量汉文木简、文书，少量佉卢文书、古钱、精美木器等文物。推定该遗址就是汉文古籍中的“楼兰”城。

20世纪50年代后，我国考察队在克服了重重困难以后到达了楼兰古城进行考察。1979年至1989年，新疆文物考古研究所先后7次组队进入罗布荒漠调查楼兰故城。1980年对故城及城郊汉墓进行了发掘。

古都遗影

我国古代从581年杨坚建立隋朝，经隋唐、五代十国、宋元、明清数个朝代，千百年来王朝的更迭也带来全国各地都城与王城的建设。

隋唐及以后的王城包括隋大兴唐长安城、隋唐洛阳城、北宋东京城、元上都和元中都等。这些古代的政治、经济、文化中心，都是中华文明的重要会聚、融合、发展之地。

繁华的隋大兴唐长安城

隋大兴唐长安城遗址位于陕西省西安市区东南部，始建于582年。唐代进一步修建完善，并增建了大明宫、兴庆宫等，成为当时世界上最大、最繁华的国际大都市之一。

582年，隋文帝下诏兴建新都大兴城，宫城为大兴宫，宫城正殿为

唐长安城沙盘模型

大兴殿，大兴殿正门为大兴门，新设禁苑为大兴苑。

大兴城平面布局规整，整个城市由外郭城、宫城和皇城三部分构成。外郭城形状近方形，东西宽度略大于南北长度，由于城墙过长，修建时间仓促，大兴城初完工时城墙较低矮，以后陆续增筑过多次。

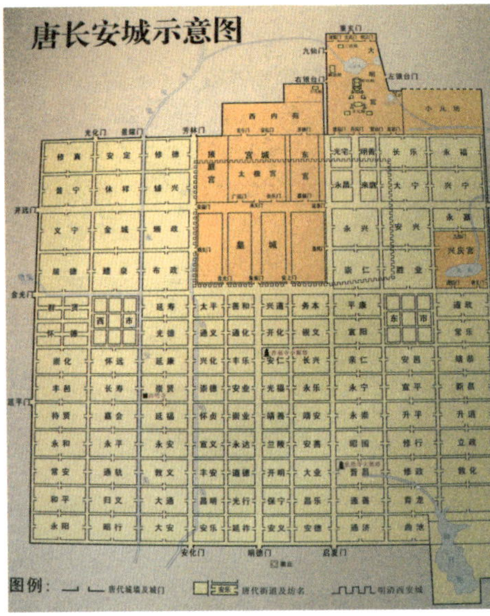

唐长安城示意图

大兴城外郭城南、东、西三面各开三门，到了唐代相承未改。南面中间为明德门，东为启夏门，西为安化门；东面由北至南依次为通化门、春明门、延兴门；西面由北向南依次为开远门、金光门、延平门。北面两门都在宫城西侧，西为光化门，东为华林门，唐改为芳林门。

城内靠北墙中央为宫城，其南为皇城，其余部分共有14条东西向街道，11条南北向街道，把外郭城分成排列规整的坊市。以全城南北中轴线朱雀大街为界，两侧相互对称。全城共有109坊。

宫城即大兴宫，是皇帝寝居和处理朝政的场所。宫城内部分为三大部分，中间部分供皇帝寝居临朝。东面为东宫，是皇太子的寝居之地。西面为掖庭宫，是普通宫女的住所。宫城南面有门连同皇城，北面有门出城入大兴苑。

皇城在宫城的南面，是朝廷各个部门的办公区。除个别一些部门有特殊情况外，几乎全部政府机构都集中在这里。此外，祖庙和社稷坛也按照《考工记》“左祖右社”的说法，分别排列在皇城城垣内的东西两侧。

为解决宫廷和城内居民的生活用水以及园林绿化用水，在大兴城中还设计了永安渠、清明渠、龙首渠和曲江池水几条水渠，流贯外郭城、皇城、宫城和大兴苑。

大兴苑在城北，西起汉长安城故城，东止灞水、浐水岸边，北至渭水，南抵大兴城下。大兴苑的设置，主要是供帝王游玩，但它对保障大兴城特别是宫城的安全，也起到重大作用。

大兴城的宫城北墙，同时也是外郭城的北垣，墙外没有其他依托，而北面的龙首原为制高点，容易对宫城造成威胁。将城垣北面化作苑囿，可以充分利用北面的渭水和东面的灞水、浐水，以及四面的苑墙，拱卫皇宫。

唐代定都大兴城后，更名大兴为长安，同时将大兴宫、大兴殿和大兴门，分别更名为太极宫、太极殿和太极门，大兴苑更名为禁苑。从唐太宗时起，长安城陆续发生一些变化。

634年，唐太宗下令在宫城东侧北郭墙外的龙首原上，兴建永安宫，作为太上皇李渊避暑的离宫。635年，改名为大明宫。662年，唐高宗因嫌太极宫低洼潮湿，屋宇壅蔽，大规模扩建大明宫，并改名为蓬莱宫。670年，又改名为含元宫，但不久即复改为大明宫。

复原后的大明宫

随着君主住所的迁徙，太极宫中的一切附属设置也随之转移到大明宫中。由于大明宫在原来的宫城太极宫的东面，这两处宫殿又分别被称作东内和西内。

唐玄宗李隆基原来居住在长安城东垣下的隆庆坊，登基后避讳改为兴庆坊，714年，改建此坊为兴庆宫。至726年，又拓展兴庆宫，占据了北面永嘉坊的一半和西面胜业坊的一部分。753年，又大规模修筑兴庆宫的墙垣。728年以后，唐玄宗基本居住于兴庆宫内，故兴庆宫又被称作南内。

兴庆宫内有引龙首渠水汇注而成的龙池，是长安城内仅次于曲江池的水泊。随着大明宫和兴庆宫的兴建，隋时城市街道坊市形态也陆续发生一些变化。

大明宫的正门丹凤门开在外郭城北垣上，门南面正对翊善坊，坊墙如同影壁遮挡着宫门。为此只好将翊善坊和它南面的永昌坊从中一分为二，辟出通道，连接到皇城东面延喜门与外郭城东侧通化门之间的东西干道上。

兴庆宫扩建后，占去永嘉、胜业两坊的一部分，732年时在兴庆宫西南角修建花萼相辉楼和勤政务本楼，为拓展楼下地面开辟广场，又

拆毁其西南面东市的东北角和它南面道政坊的西北角。

城东北角的永福坊，在玄宗时筑入苑地，作为专供皇子王孙居住的宅院，名为十六王宅。这便阻断了沿东城墙和北城墙下伸向城东北角的顺城街。

至唐宣宗时，为方便从曲江池去往新昌坊的青龙寺，又将曲江池与新昌坊之间的升道、广德、立政、敦化四坊一分为二，从中开出一条新路。此外，唐代在外郭城北面的芳林、广化二门中间，又新开一座景耀门，这是外郭城垣较大的变化。

隋唐长安城的人口，主要集中在市区的北侧，尤以东、西两市周围地区最为繁华。长安城外郭北垣诸门都通向禁苑，日常出入使用的是东、西、南三面的九座城门。

这九座城门除南面正中的明德门为五个门道以外，其他各门都是三个门道，中间的一个门道很少使用，可能只供皇帝出行。一般出入分别走两边的门道，“左入右出”。

街道的宽度，根据交通需要，分作几个等级。第一级是连同几座主要城门的街道。除了东西两侧靠南头的延兴、延平两门，由于城南部人口稀少，街道不是很宽，其他东、西、南三面其他几座城门相对的街道，宽度都在100米以上。如皇城朱雀门到外郭明德门之间的大道最宽，达150米左右。

另外，隋唐两代都在明德门外设有天坛，皇帝登坛祭天德的仪仗规模浩大，普通宽度的街道很难容受，也需要这样一条宽阔的道路。

第二级是城中大多数道路，宽度在40米至70米不等。第三级是顺四面城墙下的道路，宽度在2.5米以内。长安城内街道两旁大多挖有水沟，以排除路面积水，但因地面系颗粒细小的黄土，稍遇雨水，即泥泞不堪，排水沟也无济于事，晴天则车马一过尘土飞扬。

为保持路面的干燥清洁，744年以后，在一些主要街道的路面上，铺设从浐河岸边运来的河沙。为防止路沙散出，在道路两旁筑有低矮的土垣，当时人称之为“沙堤”。

隋唐两代是佛、道两教的兴盛时期，长安城中建有100多所寺院道观。这些寺观大多散布在城内各坊当中。此外在宫禁中也有专设的佛堂、道坛；东、西两市专设有供信徒放生的水池，名为“放生池”，池边建有供奉佛像的佛堂；还有一些著名寺院，坐落在城垣外边。

青龙寺云峰阁

青龙寺是唐代长安城名寺，位于陕西西安铁炉庙村北，寺前身为隋灵感寺，是佛教密宗教派的根本道场，711年改名青龙寺。寺址西北部有东西并列的两组院落遗迹。

青龙寺隋代灵感寺部分毁于唐武宗会昌灭佛时；晚期为唐宣宗时重建，沿用至北宋。早期西院有中三门，门内设塔，塔北建佛殿，四周有回廊或院墙。

青龙寺东院中心亦有一殿堂。晚期西院伽蓝废中三门，在早期旧基上重建殿、塔，并修治回廊，新设北门。东院也重建了殿堂。晚期殿、塔规模不如早期宏伟。

青龙寺在中外文化交流史上有重要地位，天宝以后，日本、新罗等国僧人来中国学习密教，多到青龙寺求法。寺址的发掘，为研究唐代寺院布局提供了重要资料。

长安城中虽然寺观林立，却对城市建筑景观影响不大。当时寺观的建筑形式与平面布局，与富贵人家的住宅没有太大差别，长安城中有许多寺观就是由官宦舍宅改作。

体现寺院特色的建筑物主要是塔。长安城中最有名的佛塔应是城西南角和平、永阳二坊内的大庄严寺塔和大总持寺塔。

这两座塔，形制完全相同，塔身木构，都是由宇文恺规划建造。宇文恺意图用这两座高塔，来弥补城西南角地势较低的缺憾。

保存下来的慈恩寺塔和荐福寺塔，即俗称的大雁塔、小雁塔，也都是当时著名的佛塔。

唐代的官僚勋戚除在城内占有豪华的住宅，许多人还在城外近郊风景秀丽的地方建有别墅。别墅最集中的地方是城南沿樊川一线，其次在城东灞、浐两河附近以及蓝田附近的辋川也比较集中。

唐代长安城的经济和文化在唐玄宗开元年间发展得十分迅速。盛唐时期，它已是当时世界上最大最繁华的国际大都市。安史之乱后走向衰落。

763年，唐代长安城被吐蕃占领15天。晚唐时黄巢攻入长安，在黄巢军和唐军的厮杀之中，城市遭到严重破坏。904年，朱全忠挟持唐昭宗迁都洛阳，并把宫室拆毁，屋木也一起运走。后来，驻守长安的佑国军节度使韩建认为城广人稀，不利于防守，于是对城市进行改筑，缩为“新城”，也就是五代、宋、金、元的长安城。

至此，有着总计306年历史的隋大兴城或唐长安城便宣告废弃。

隋大兴唐长安城的规划和建筑，不仅对后世有深远影响，在当时就已为隋唐王朝周边的一些地方政权和域外邻国所仿效。例如渤海国上京城和日本的平城京、平安京等，都受到长安城的深刻影响。

阅读链接

1957年以来，中国科学院考古研究所对隋大兴唐长安城进行了全面勘查和部分发掘。从而对城址的平面布局、坊市的形制、官殿的分布及其建筑基部的结构等，有了进一步的认识。

1961年，1000多年前的我国一座百万人口大都市遗址被发掘出来了。这个大都市就是著名的唐代京都长安。

1996年，国务院公布隋大兴唐长安城遗址为第四批全国重点文物保护单位。

盛世皇都的隋唐洛阳城

隋唐洛阳城遗址是隋唐两代的东都城遗址，位于我国河南省洛阳市区及近郊。建于605年，一直沿用至北宋末年，历时500多年。

作为我国古代著名都城，隋唐洛阳城见证了我国封建社会最辉煌的一段历史，包含丰富的文化内涵，其平面布局、建筑形制对后世影

隋唐洛阳城池图

隋炀帝 杨广，是隋朝的第二个皇帝。隋文帝杨坚、独孤皇后的次子，581年立为晋王，600年立为太子，604年继位。他在位期间修建大运河，营建东都洛阳城，开创科举制度，亲征吐谷浑，三征高句丽，因为滥用民力，造成天下大乱直接导致了隋朝的灭亡。《全隋诗》录存其诗40多首。

响深远，甚至影响到东亚各国。

隋唐洛阳城是隋、唐两代的东都城，是丝绸之路的东方起点以及隋唐大运河的中心。它主要由宫城、皇城、郭城、东城、含嘉仓城、上阳宫、西苑、离宫8部分组成，占地47平方千米。

隋唐洛阳城不是世界上规模最大的古代都城，但它的轴线建筑，却是世界历史上最恢宏的建筑群。自定鼎门至龙光门，南北长7千米，相继建有天枢、明堂、天堂、贞观殿、玄武门、曜仪门、圆璧门等10多座规模宏大的建筑。

定鼎门是隋唐洛阳城郭城的正门。据史料记载，它正式启用于606年，隋炀帝是第一个通过这座城门的帝王。

定鼎门由平面呈长方形的墩台、三个门道、东西飞廊、东西两阙和左右马道组成。东西飞廊和东西两阙分别位于墩台两侧，和墩台呈平行对称分布，这种门阙形制仅见于定鼎门遗址，在国内其他地方还没有发现。定鼎门与皇城正门端门之间为定鼎门大街，其宽度116米。

外郭城南宽北窄，略近方形。城墙全部用夯土筑成，稍呈弧形。东西两墙下面发现有石板砌的下水道。外郭城有8个城门，西墙无门。

南墙3门，自东向西为长夏门、隋建国门即唐定鼎门、隋白虎门即唐厚载门。东墙3门，自南向北为永通门、隋建阳门即唐建春门、隋上春门即唐上东门。

北墙2门，东为隋喜宁门即唐安喜门，西为徽安门。南墙3门和建春门等都是一门三道，城内街道横竖相交，形成棋盘式的布局。

《唐六典》是唐朝一部行政性质的法典。是我国现有的最早的一部行政法典。唐玄宗时期官修，旧题唐玄宗撰、李林甫等注，实为张说、张九龄等人编纂，成书于738年，所载官制源流自唐初至开元止。六典之名出自周礼，原指治典、教典、礼典、政典、刑典、事典，后世设六部即本于此。

在洛河以南有南北竖街12条，东西横街6条；洛河以北有南北竖街4条，东西横街3条。其中最著名的是定鼎门大街，又称天门街、天津街或天街，是南北主干道，现存长约3千米。

城内街道组成里坊，据《唐六典》及《旧唐书》等文献记载并结合考古钻探的实际情况可知，总数为109坊3市，即洛河南为81坊2市，洛河北为28坊1市。已勘查出洛河南的55个坊和洛河以北的9个坊，其余各坊市为今城所压或被洛河冲毁。

宫城位于外郭城的西北部，平面略呈长方形。中为夯筑，内外砌砖。南墙正中的唐应天门即隋则天门、东边的唐明德门即隋兴教门、西边的唐长乐门即隋光政门和北墙的玄武门、西墙的嘉豫门。

在宫城中轴线上，发现多处大片夯土殿址，西部

隋唐洛阳城

有多处长方形基址和一处石砌圆形基址。应天门内右侧发现了为营建宫室而设置的窑场，存有大批注明官、匠或官工的印字砖瓦。

唐代青铜镜

宫城东南侧自成一城，有东宫以及北部的陶光园、中部偏北的徽猷殿、西北部的九州池，特别重要的是宫城内武则天时的明堂遗址。

688年，武则天命拆毁乾元殿造明堂。有上下三层，中有巨木十围，上下贯通，号万象神宫。明堂相当壮观华丽，在圆形屋顶上，有展翅欲飞、饰以黄金的凤凰雕塑；中层的圆盖则盘有九龙。

在夯土殿基正中，有由4块大青石构成的巨型柱础。柱础外圈直径4.17米，内圈直径3.87米，这就进一步看清了宫城内宫殿的布局，确立了宫城、皇城内建筑的准确标志。

在明堂的北面，武则天又命造了一座天堂。天堂主要用来安放一尊大佛。史料记载，天堂共五层，它比明堂高得多，在第三层就可以俯视明堂全景。经调查，天堂中心柱础保存完好。

皇城围绕在宫城的东、南、西三面，其东西两侧与宫城之间形成夹城。

《旧唐书》 唐代是我国封建社会的一个重要时期。五代后晋时官修的《旧唐书》，是现存最早的系统记录唐代历史的一部史籍。它原名《唐书》，宋代欧阳修、宋祁等编写的《新唐书》问世后，才改称《旧唐书》。

由于洛河北移，皇城东南部被冲毁，南墙仅存西段，皇城内发掘了隋代的子罗仓。其他许多小城和曜仪城在宫城之北，为狭长形，东西长约2.1千米，南北宽约120米。

曜仪城以北是圆壁城，圆壁城北墙即外郭城北墙西段。这两座小城的断续城垣以及两城中部相通之门道为圆壁城北墙正中的龙光门。

在皇城东侧发现有东城，城址为纵长方形，在宫城东北角和西北角外，还有面积较小的东西隔城。

诸小城中最重要的是东城北面的含嘉仓城。城平面为长方形，有城门4座，即仓东门、中门圆壁门、北门德猷门、南门含嘉门。德猷门为单门道，门道留有车辙。

东北部和南半部有粮窖287座，东西成排，南北成行。其中9座出有铭砖，有唐代“调露”“长寿”“天授万岁通天”“圣历”等年号，记载着粮窖在仓城中的方位，储粮的品种、数量，粮食来源、入窖年月、运输和管理人员的官职和姓名。

阅读链接

1954年，中国科学院考古研究所对隋唐洛阳城进行勘查；1959年调查了宫城、皇城及周围诸小城的平面布局，确定一些门址的位置，并发掘了皇城南墙的右掖门。

1960年至1965年，继续调查了街道、里坊及市场的位置，同时发掘了宫城。陆续在隋唐洛阳城内发现或发掘了定鼎门、天津桥、应天门、明堂、天堂等重要遗址。

1969年，河南省博物馆与洛阳博物馆联合调查、钻探和发掘了含嘉仓城；其后，中国社会科学院考古研究所、洛阳市博物馆和洛阳市文物工作队又多次在隋唐洛阳城遗址内进行了发掘。

繁华极地的北宋东京城

北宋东京城遗址位于河南省开封市区及其周围。东京城又称汴京，始建于956年的后周，960年，赵匡胤建立北宋王朝，定都开封，改名东京，历时167年，是全国第一大都市。

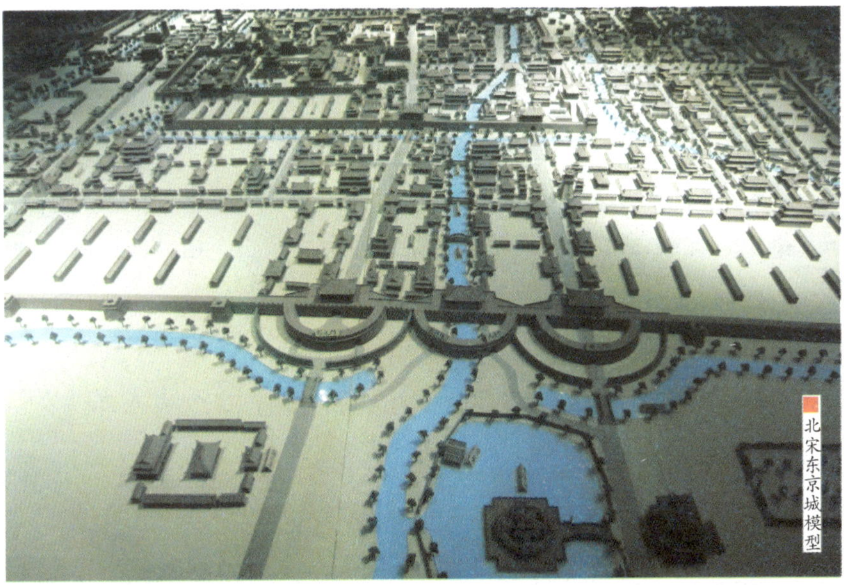

北宋东京城模型

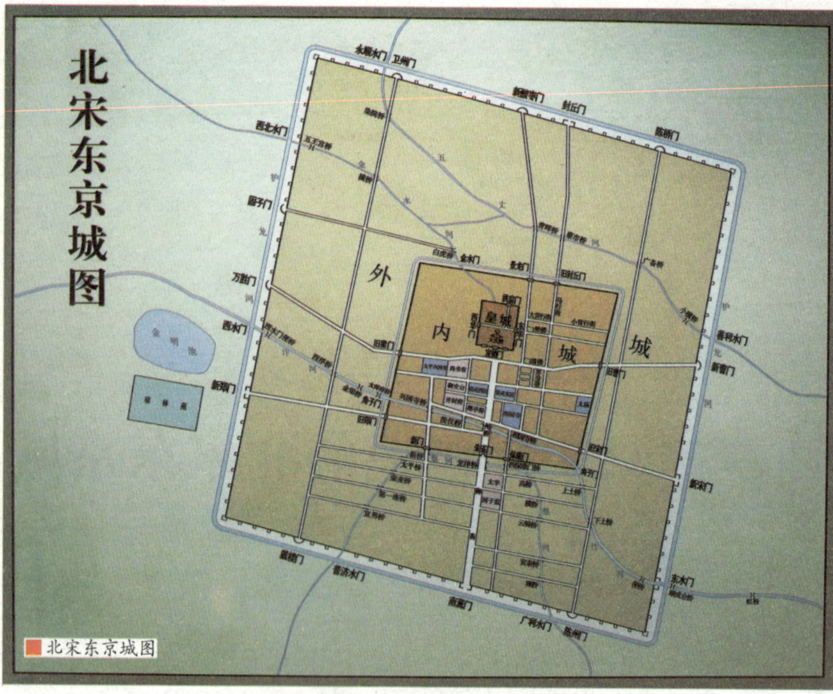

北宋东京城图

自北宋灭亡后，历经动乱，东京城遭受严重破坏，特别是元世祖时为防止人民反抗，将开封内外城全部拆毁。

1642年，李自成率起义军第三次围攻开封时，周王朱恭枵串通官军掘开黄河堤，全城尽为泽国，自此故城大部分都被泥沙深埋在地下，只留下了外城的残存基址。

1841年，黄河再次决口，外城的残基也终于被洪水和泥沙淤没了。据史料记载，北宋东京城东西略短，南北稍长，由外向内依次为外城、内城、皇城，其外城的轮廓、形制和范围，以及一些城门的位置，同宋人的记载大致吻合。

东京城的外城又称新城、罗城，四墙与后世的开封城基本平行，是历代东京军事防御的第一道屏障。外城由于历代的兵灾水患，昔日巍峨壮观的外城已遭到了极大的破坏，并全部淤埋于地下2米至8米深。

北宋时期，外城共有城门14座、水门7座，已发现南薰门、南郑门、万胜门等10余座，多为直门两重或屈曲开门的瓮城门。尤其是西墙上的正门新郑门遗址，面积近两万平方米，其规模之大，在我国古代都城发展史上是实属罕见的。

内城又称阙城、里城、旧城，是在唐汴州城的基础上修建而来的，始建于781年，整个内城略呈正方形，其南墙位于后来的开封城南墙北约300米，北墙位于龙亭大殿北约500米的东西一线，东、西墙叠压在今开封城东、西墙的下面，四墙总长约11.55千米。

北宋内城城门已增加到了10座，经考证，其东边和西边墙上的部分城门就叠压在开封城东、西墙上的城门如宋门、曹门、大梁门等的下面。

东京城的皇城又称皇宫、宫城、大内和禁中等，始建于962年，是北宋皇帝的议事殿阁和寝宫所在地，是当时最繁华之处，衙署、寺观和商业较集中。

宋皇城的大致范围位于开封龙亭大殿前的鄱阳湖一带，与内城朱雀门、外城南薰门呈一南北直线，即

衙署 我国古代官吏办理公务的处所。《周礼》称官府，汉代称官寺，唐代以后称衙署、公署、公廨、衙门。衙署是城市中的主要建筑，大多有规划地集中布置，采用庭院式布局，建筑规模视其等第而定。中正厅为主建筑，设在主庭院正中，正厅前设仪门、廊庑，遇有重要情况才能够开启正门，才能使用正厅。

北宋东京城的繁荣景象

当时的御街。

皇城呈东西略短、南北稍长的长方形。周长2.5千米，城墙原为土筑，1012年改为砖砌。次年在大门内外北边开始兴建一组园林式建筑群，一共有7个大殿和15个阁楼，取名延福宫。

皇城一共辟有6个门，其中宣德门是皇宫的正门，宫门高大雄壮，威严壮丽，因为是高大的门楼，所以也称为宣德楼。

在皇城的前半部中轴线上，发现东西宽约80米，南北最大进深60多米，残留6米左右的宋宫正殿大庆殿的建筑台基，其位置、规模、深度及遗物均与文献记载相符。

北宋东京城的繁荣，除居全国政治、经济和文化中心重要地位外，境内水道交通的方便也是主要的因素之一。

当时京城一带水网纵横，舟楫云集，穿过东京城的河流有蔡河、汴河、五丈河等，特别是与黄河沟通的汴河，史载“岁漕江、淮、湖、浙米数百万，及至东南之产，百物众宝，不可胜计”。

而架在这些河道上的桥梁有32座，如州桥、龙津桥、相国寺桥、金明池中的仙桥等。这些桥梁的架设使京城东西可以贯通，南北可以直达，极大地方便了京城的交通运输，保证了京城的物质供应，也给京城人们的日常生活带来了诸多便利。

由于北宋最高统治者对佛教政策的转变，大力提倡佛教，致使北宋一代“士大夫多修佛学”“崇道教，兴佛法”“营佛事，创梵宫”成为一种时代风尚。在这种思想指导下，东京城内的许多宗教建筑，尤其是寺院建筑便如雨后春笋般地兴建起来。

许多寺院修建的奢华程度，远非一般的官府可比，实乃东京城内除皇宫之外最为华美的建筑群体。

在遍布东京城内众多的佛教寺院中，以相国寺、开宝寺、天清寺、太平兴国寺最为著名，号称东京四大寺院。

北宋东京城中出现了一批新兴的手工业作坊，历史上最早的火药作坊，以及由五代而来，经过北宋才进一步发展起来的印刷作坊等。

北宋画家张择端创作的《清明上河图》被誉为“中国十大传世名画之一”。它采用散点透视构图法，生动描绘了北宋时期都城东京的状况，主要是汴梁以及汴河两岸的自然风光和繁荣景象。

阅读链接

北宋末，东京人口估计约有130万至190万，可算是当时世界上的大城市了。它既是全国的政治中心，又是商业文化中心。东京的城市结构冲破了传统的里坊制，较多地服从经济发展的需要，是中国历史上都城布局的重要转折点，对以后的几代都城有较大的影响。

1981年，河南省文物研究所和开封市博物馆联合组成开封宋城考古队，进行了多次调查、钻探和发掘，初步揭示出东京城遗址的面貌。

1984年，开封市政公司在大南门里中山路中段修筑大型下水管道时，开封文物考古队在当时市皮鞋厂的东侧探明了古州桥遗址，并对桥址作了初步考察。

漠北第一古都的辽上京

辽上京遗址位于我国内蒙古自治区巴林左旗林东镇南，为我国辽代都城遗址。辽太祖耶律阿保机于918年开始兴筑，初名皇都，926年扩建，938年改称上京，并设立临潢府，为辽代五京之首，作为辽之都城历经204年。

辽上京遗址是我国保存最好的古代大遗址之一。辽上京遗址的发

上京建筑

现，为系统地研究辽代城市建筑提供了十分重要的实物资料。

1120年，金兵攻占上京。金将上京改为北京临潢路，至元代上京逐渐废弃。

上京龙泉府遗址

辽上京遗址南部城墙底宽至少有32米，地表以上高度为10米多。墙体结构为内外3层的版筑结构，特别表现为底部土层薄而密集，越往高处土层越厚，最厚处可达20米左右。由于城体保存尚好，清晰可见筑墙时夯窝的痕迹，每平方米有270多个，十分坚固。

辽上京平面略呈日字形，周长约6.4千米，城墙均用黄土夯土版筑，残高5米至9米。京城由皇城和汉城组成，两城建筑与布局是辽“以国制治契丹，以汉制待汉人”的政治制度的反映。

皇城位于京城北部，是契丹皇族、贵族的宫殿和衙署所在地，也是初筑的皇都。东、南、北 3墙都呈直线，西墙中段位于小土岗顶部，南、北两端向内曲折，全长约1.85千米，东、西、北 3墙中部残存有门址，并加筑瓮城，各墙上残存有马面。

西墙内的山冈顶部，有一组东向的建筑址，应是早期的宫殿遗迹，在此可以俯览全城。岗下有一大道直向东门，皇城最初是以东门为正门，扩建汉城后，城内主要建筑都改成南向，皇城南门改为正门。四面城门内都有大街直通大内宫墙外。

大内位于皇城中央部位，宫墙墙基已残毁，约为长方形，周长约2千米。内有宫殿、门阙、仓库等建筑基址，其中有两座大型宫殿，建筑在高约 4米的台基上。

皇城南部有不规整的街道及官署、府第、作坊和寺院基址，其中一座寺院内残存一躯残高 4.2米的石刻菩萨像，传为天雄寺遗址。皇城北部地区未发现建筑基址，应是文献所载契丹贵族搭设毡帐的地带。

汉城位于南部，是汉、渤海、回鹘等族居住区域，其北墙即皇城南墙，东、南、西 3墙系扩筑。墙身较皇城低窄，残墙最高3米，无马面，原有6座城门。

原来流经城南的小河，经过多次改道，自城西南角穿过东北角，将城内文化堆积层冲刷殆尽，仅余靠近皇城南门的小片地区。

城址附近现存砖塔两座。一座位于城址东南的山坡上，俗称南塔，为八角密檐式，残高约25米，尚存7层塔身及塔基，塔刹及檐椽都已塌毁。塔身第一层每面镶嵌高浮雕石刻佛、菩萨、天王、力士和飞天像。塔东南处有辽代开悟寺遗址，此塔当是开悟寺塔。

另一座位于城址北，俗称北塔，为六角密檐式，仅存5层塔身，残高约6米，传为辽代宝积寺塔。 辽上京遗物中最精美的当属一个保存较好的石经幢座和半块仰莲雕花石座。

另外，辽上京遗址还发现了近万枚北宋铜钱和数十个泥塑人面像。这些泥塑人面像雕塑十分精美，是一批珍贵的艺术精品，代表了辽代工匠高超的工艺水平。

阅读链接

1962年，内蒙古自治区文物工作队对辽上京遗址进行了全面勘探和试掘。2001年辽上京遗址的保护被列为西部大开发文物重点保护项目。

2002年，辽上京遗址经过几个月的发掘，皇城南半部分城墙地表以上结构基本清晰。2012年，中国社会科学院考古研究所和内蒙古自治区文物考古研究所对辽上京进行考古发掘并获重大发现。

神之都城的元上都

元上都遗址是我国元代都城遗址，位于内蒙古自治区锡林郭勒盟正蓝旗东北闪电河北岸。由元世祖忽必烈初建于1256年。

1251年，蒙哥即帝位后，忽必烈受任总领漠南汉地军国庶事，从漠北和林南下驻帐金莲川，招揽天下名士，建立了著名的金莲川幕府，对忽必烈治理汉地乃至统一全中国起了重要的作用。

1256年，忽必烈下令在这里选址建城，起初取名为开平府。1259年城郭建成。1260年，忽必烈在此登上皇帝之位，为元开国皇帝元世祖，于是就将开平府作为首都了。

元上都遗址断壁

元上都宫殿遗迹

1264年，忽必烈开始修建大都，即后来的北京，下诏开平府上升为上都，用以取代漠北的和林，并确立了两都巡幸的制度，上都作为夏都，与元大都共同构成了元朝的两大首都。

当时大都与上都两都之间有三路交通线路。每年4月，元朝皇帝便来上都，9月秋凉返回大都，皇帝在上都的时间长达半年之久。

皇帝在上都期间，政府诸司都分司相从，以处理重要政务。除此之外，皇帝要狩猎行乐，还要举行蒙古诸王贵族的朝会和传统的祭祀活动。

1369年，明朝将元上都复名“开平府”，不久废府改卫。1430年废弃不用。

元上都全城由宫城、皇城和外城三重城组成：

宫城在皇城的中部偏北，长方形。宫城是全城的核心，有东华、西华、御天三门，城墙用砖包镶。

宫城中南边的御天门最为重要，它与皇城南门明德门在一条中轴线上，是出入的主道。皇帝所下达的诏旨，都要在御天门上发布，再送往大都，然后转发全国各行省。

主要宫殿楼阁和官署、宫学建在宫城内。宫城建有水晶、大明、鸿禧等殿，大安、延春等阁。

皇城环卫宫城四周，城墙用石块包镶，道路整齐，井然有序，南半部为官署，府邸所在区域，东北和西北隅建有乾元寺和龙光华严寺。外城在皇城西北面，全用土筑，周长约18千米。北部为皇帝观赏的御苑，是皇家苑囿和金顶大帐“棕毛殿”的建筑所在。南部为官署、寺观和作坊所在地区。

城外东、南、西三处关厢地带，为市肆、民居、仓廪所在。明代荒废，城垣及建筑台基依然残留地表，蒙古语称此城为“兆奈曼苏默”，为108座庙的意思，就是依据城址中建筑众多而讹传的。

城内除中央及北城墙中部的大型宫殿位于中线以外，大部建筑未采用对称的布局，殿、亭、阁、榭各具特色，或近临沼池，或开渠引流，或亭阁相连，形状大小各异，色彩风俗不同，优雅非凡。上述通往各地的驿道四通八达，为漠北与中原的交通枢纽。

上都地区元朝时商贾工匠云集，繁荣兴盛，不但有从中原来的商人，也有从中亚和欧洲来的商人，他们运来各种金属器皿、日用品和为统治阶级享用的奢侈品，而后运走上都地区的畜产品，促进了以元

元上都遗址石刻

元上都明德门遗址

上都为中心的蒙古地区的经济繁荣。

上都在中外外交史上具有重要影响。元代中外交往频繁，上都常有阿拉伯、波斯、突厥等商人往来。意大利人马可·波罗在我国居住生活了17年，深得忽必烈赏识。著名的《马可·波罗行记》详细记述了上都的宫殿、寺院、宫廷礼仪、民情风俗，第一次向世界介绍了上都，让世界了解中国。

上都在元代科技史上的地位更不容忽视。早在蒙哥汗时期，开平就设有天文观测所——承应阙。上都城西北有一个山口，两山之间有一个古拦洪坝遗址。这一工程是当时著名科学家郭守敬在北方塞外草原建设的较为成功的大型泄洪水利工程，至今保存完整。

都城有众多佛寺、道观、清真寺等宗教建筑，宗教活动十分兴盛。上都常有色目商贾往来，很早就建有回回寺。上都居民中也有信仰伊斯兰教、景教等的。上都作为元的夏都，是北方宗教兴盛的中心，同时也是多元文化交流的中心。

阅读链接

1956年和1973年，内蒙古自治区文物工作队、内蒙古大学先后对元上都遗址进行了考古调查。1988年确定为国家第三批重点文物保护单位。

2012年，第36届世界遗产委员会会议一致同意将中国申报的文化遗产项目元上都遗址列入《世界遗产名录》。至此，元上都遗址成为我国第30项世界文化遗产，我国世界遗产总数达到42项。

蒙元四都之一的元中都

元中都遗址位于河北省张北县馒头营乡，由元世祖忽必烈的孙子元武宗海山始建于1307年，与当时的元大都、元上都齐名，共称“元朝三大都城”。

元中都遗址保存完好，布局清晰，为研究我国封建时代晚期都城提供了极为重要的实物依据。

1307年，元朝的第二任皇帝成宗铁穆耳去世，由于成宗皇帝没有

饱经沧桑的元中都遗址

元青花花口盘

儿子，他的两个侄儿海山和爱育黎拔力八达都有可能继承皇位。

爱育黎拔力八达因身居帝国的权力中心大都，在母亲的支持下抢先宣布登基。而海山早在10年前就被成宗皇帝封为宗王，派到漠北镇守帝国的北疆。那时，海山年仅17岁。

在镇守漠北的10年间，海山从一位少年成长为杰出的军事将领，为保卫元帝国的疆土立下了汗马功劳。因此，当他听说弟弟在大都抢先登上了皇位后，自然心中不服，于是海山统领三路大军从漠北返回上都。迫于哥哥的军事压力，爱育黎拔力八达将皇位又拱手让给了海山。

武宗海山夺取了皇位以后，为了避开大都和上都遗老遗少们的掣肘，以及弟弟爱育黎拔力八达的势力范围，尽快树立自己的权威，他做的第一件大事就是修建中都城。

军旅生涯和残酷的战争，练就了他坚毅顽强、独断专行的性格。他崇尚武力，具有强烈的创业激情，对先祖成吉思汗和忽必烈的赫赫威名更是尊崇有加。

据史书《皇帝尊号玉册文》说：武宗由上都到达隆兴，也就是今天的张北县，“徘徊太祖龙旗九斿，

爱育黎拔力八达 即元仁宗孛儿只斤·爱育黎拔力八达，元朝第四位皇帝，蒙古帝国可汗，是元武宗弟，元武宗封他为皇太弟，相约兄终弟及，叔侄相传。于武宗死时嗣位，年号皇庆和延祐。在位期间，减裁冗员，整顿朝政，推行“以儒治国”政策。在位9年，死后并未传位武宗之子和世瓎，而是传位其子元英宗硕德八剌。

剪金于斯，肇基帝业，为城中都”。意思是说，武宗海山到达隆兴以后，在太祖成吉思汗龙旗飘过的地方徘徊，想到先祖在这里以区区8万精锐，大破金朝40万大军的历史壮举，他决定在这里开始他的帝业，为此建成中都。

1307年，年仅27岁的海山在上都开平城继位才10天，就下令修建中都城。为了完成这一宏伟蓝图，还专门成立了领导中都宫阙建设的行工部。

1308年，武宗不顾坝上地区天寒地冻，命令枢密院急调18500名六卫亲军，开赴旺兀察都作为建都工役。同时，又从上都侍卫亲军中抽调3000人参与中都建设。除军队之外还有大量的工匠、民夫、义工，建造中都的队伍无疑是相当庞大的，由此可见武宗建设中都的决心。

在设立中都留守司兼开宁路都总管府后，又增置了虎贲司、光禄司、银冶提举司及中都万亿库等官署，成为“蒙元四都”之一。

海山（1281年—1311年），元武宗孛儿只斤·海山，元朝第三位皇帝。为忽必烈次子真金次子答剌麻八剌之长子，统军北边，多立战功，封怀宁王。1307年，被拥立为帝，并追封其父为元顺宗。即位后更换了成宗大臣，封其弟爱育黎拔力八达为皇太弟。元武宗在位4年时间，全国歌舞升平，国力强大，是元代的一位明君。

元中都遗址墙壁

瓦当 俗称瓦头。是屋檐最前端的一片瓦，瓦面上带著有花纹垂挂圆形的挡片。瓦当的图案设计优美，字体行云流水，极富变化，有云头纹、几何形纹、饕餮纹、文字纹、动物纹等，为精致的艺术品。我国最早的瓦当集中发现于陕西扶风岐山周原遗址。

至1311年，武宗去世，仁宗“罢城中都”后，元中都仍作为元朝的行宫来使用，后任英宗、泰宗、文宗和顺帝等多位皇帝曾到此巡幸、议政和作佛事。

1358年，红巾军烧毁中都宫阙，使其成为废址。

元中都遗址位于张北县城北处。南离元大都即北京265千米，北距元上都遗址195千米。

元中都遗址由宫城、皇城、郭城呈回字形相套，是我国传统都城“三重城”建制。

宫城平面呈长方形，城垣保存完整，城墙高出地面3米至4米，墙基宽约15米，四角存有方形夯土角台，边长6米至7米。城墙四面各有一缺口，经探明，就是原来的四个城门。内城南门为3个门道，两侧还可能有阙台。

宫城内共发现建筑基址27处，其中位于宫城中心的高台基址，基址裸露，可见柱础。

■ 元代凤鸟纹荷叶盖罐

高台基址是宫殿群主体建筑，正好位于宫城的南北中轴线上。以基址为中心的主体宫殿群位于宫城的中北部。

作为正殿的一座宫殿基址居于宫城的中心位置，平面呈“工”字形，有排列整齐的柱础石，地表有琉璃瓦当、滴水和花砖等建筑构件。

宫殿台基分为上下两层，总体高出地面约2.8米，周围

元代白釉瓷枕

用青砖包砌。上层基面为宫殿的主体部分，下层基面为宫殿的回廊部分，在台基的周围一共有7条上殿通道。

柱廊两旁各有一条上殿通道，这两条通道和宫城的东门和西门正对。在前殿的南侧共有三条上殿通道，中间是御道，两边是文武大臣上殿的通道。

元中都“工”字大殿的发现，在我国考古史上是独一无二的，这对于研究我国宫廷建筑的演变和草原文明与农耕文明的融合，具有极其重要的价值和意义。

宫城西南角为角楼基础，宫墙南城门发现了三道门，地面为青石铺面，门框及顶部为过梁式砖木结构，其上应为阙台类建筑。

这里发现了大量的琉璃构件，有塑龙琉璃残块、浮雕牡丹花，还有筒瓦、瓦当、滴水、凤鸟、仙人，以及大殿屋脊上华丽的装饰残件等，艺术造型写实逼真，栩栩如生，表现了大元帝国工匠们敏锐的观察力和深厚的造型艺术功底。

最重要的是这些琉璃构件的3个拐角都出来了，就是三出阙。三出阙是指宫廷建筑基座拐角处的形制，从拐角处向外经过3次缩折与墙体相连，显得基座宽阔、厚重、稳固、霸气，它代表了我国古代建筑的最高规格。

元中都发现了大批石、陶、木、砖雕等建筑构件及铜、铁、骨器。特别是前殿东步道南侧的砖雕象眼，堪称稀世瑰宝。

在台基的四围，有70多个汉白玉螭首，其中的一个汉白玉角部螭首和9个9沿螭首雕刻细腻，造型完美，极尽绝诣，都是元代雕刻中不可多得的珍品。

“工”字形中心大殿和“三观两阙三门道”梁柱结构的南门，以及奇特的“三出阙”角楼，都体现了元代建筑的特色风格。

皇城套在内城之外，城垣呈土垄状，东西长770米，南北宽930米。皇城城墙距宫城城墙东、北、西、三面与宫城城墙间距120米，南部两墙相距210米，墙高出地表一米左右，面积约80 万平方米。

元中都的创建，彻底改变了坝上地区的历史地位，将有史以来中原王朝的北方疆界，变成了元帝国的政治、经济、文化和民族融合的中心，这是一次历史性的跨越。

它标志着历代中原王朝倾举国之力修筑的万里长城，第一次失去了存在的价值，使草原文明与农业文明更加紧密地结合在了一起。

阅读链接

从1997年开始，河北省文物研究所、张家口市文物管理处开始对元中都遗址展开考古调查、勘探和发掘工作，对元中都进行了科学的认定。发掘出土了大量珍贵文物，探明了主要建筑遗址的形状。

2013年，《元中都遗址保护总体规划》经国家文物局同意，并由河北省批准予以公布。

《元中都遗址保护总体规划》以坚持“保护为主、抢救第一、合理利用、加强管理”的方针，坚持正确处理遗址保护与合理利用的关系为原则，规划中明确了元中都遗址近期、中期、远期考古研究、保护及展示利用的工作重点。

中华精神家园书系

建筑古蕴

壮丽皇宫：三大故宫的建筑壮景
宫殿怀古：古风犹存的历代华宫
古都遗韵：古都的厚重历史遗韵
千古都城：三大古都的千古传奇
王府胜景：北京著名王府的景致
府衙古影：古代府衙的历史遗风
古城底蕴：十大古城的历史风貌
古镇奇葩：物宝天华的古镇奇观
古村佳境：人杰地灵的千年古村
经典民居：精华浓缩的最美民居

古建风雅

皇家御苑：非凡胜景的皇家园林
非凡胜景：北京著名的皇家园林
园林精粹：苏州园林特色与名园
秀美园林：江南园林特色与名园
园林千姿：岭南园林特色与名园
雄丽之园：北方园林特色与名园
亭台情趣：迷人的典型精品古建
楼阁雅韵：神圣典雅的古建象征
三大名楼：文人雅士的汇聚之所
古建古风：中国古典建筑与标志

古建之魂

千年名刹：享誉中外的佛教寺院
天下四绝：佛教的海内四大名刹
皇家寺院：御赐美名的著名古刹
寺院奇观：独特文化底蕴的名刹
京城玉刹：北京内外八刹与三山
道观杰作：道教的十大著名宫观
古塔瑰宝：无上玄机的魅力古塔
宝塔珍品：巧夺天工的非常古塔
千古祭庙：历代帝王庙与名臣庙

文化遗迹

远古人类：中国最早猿人及遗址
原始文化：新石器时代文化遗址
王朝遗韵：历代都城与王城遗址
考古遗珍：中国的十大考古发现
陵墓遗存：古代陵墓与出土文物
石窟奇观：著名石窟与不朽艺术
石刻神工：古代石刻与文化艺术
岩画古韵：古代岩画与艺术特色
家居古风：古代建材与家居艺术
古道依稀：古代商贸通道与交通

古建涵蕴

天下祭坛：北京祭坛的绝妙密码
祭祀庙宇：香火旺盛的各地神庙
绵延祠庙：传奇神人的祭祀圣殿
至圣尊崇：文化浓厚的孔孟祭地
人间天宫：非凡造诣的妈祖庙宇
祠庙典范：最具人文特色的祭祠
绝代王陵：气势恢宏的帝王陵园
王陵雄风：空前绝后的地下城堡
大宅揽胜：宏大气派的大户宅第
古街韵味：古色古香的千年古街

物宝天华

青铜时代：青铜文化与艺术特色
玉石之国：玉器文化与艺术特色
陶器寻古：陶器文化与艺术特色
瓷器故乡：瓷器文化与艺术特色
金银生辉：金银文化与艺术特色
珐琅精工：珐琅器与文化之特色
琉璃古风：琉璃器与文化之特色
天然大漆：漆器文化与艺术特色
天然珍宝：珍珠宝石与艺术特色
天下奇石：赏石文化与艺术特色

古迹奇观

玉宇琼楼：分布全国的古建筑群
城楼古景：雄伟壮丽的古代城楼
历史开关：千年古城墙与古城门
长城纵览：古代浩大的防御工程
长城关隘：万里长城的著名关卡
雄关漫道：北方的著名古代关隘
千古要塞：南方的著名古代关隘
桥的国度：穿越古今的著名桥梁
古桥天姿：千姿百态的古桥艺术
水利古貌：古代水利工程与遗迹

西部沃土

古朴秦川：三秦文化特色与形态
龙兴之地：汉水文化特色与形态
塞外江南：陇右文化特色与形态
人类敦煌：敦煌文化特色与形态
巴山风情：巴渝文化特色与形态
天府之国：蜀文化的特色与形态
黔风贵韵：黔贵文化特色与形态
七彩云南：滇云文化特色与形态
八桂山水：八桂文化特色与形态
草原牧歌：草原文化特色与形态

节庆习俗

普天同庆：春节习俗与文化内涵
张灯结彩：元宵习俗与彩灯文化
寄托哀思：清明祭祀与寒食习俗
粽情端午：端午节与赛龙舟习俗
浪漫佳期：七夕节俗与妇女乞巧
花好月圆：中秋节俗与赏月之风
九九踏秋：重阳节俗与登高赏菊
千秋佳节：传统节日与文化内涵
民族盛典：少数民族节日与内涵
百姓聚欢：庙会活动与赶集习俗

国风美术

丹青史话：绘画历史演变与内涵
国画风采：绘画方法体系与类别
独特画派：著名绘画流派与特色
国画瑰宝：传世名画的绝色魅力
国风长卷：传世名画的大美风采
艺术之根：民间剪纸与民间年画
影视鼻祖：民间皮影戏与木偶戏
国粹书法：书法历史与艺术内涵
翰墨飘香：著名书法名作与艺术
行书天下：著名行书精品与艺术

山水灵性

母亲之河：黄河文明与历史渊源
中华巨龙：长江文明与历史渊源
江河之美：著名江河的文化源流
水韵雅趣：湖泊泉瀑与历史文化
东岳西岳：泰山华山与历史文化
五岳名山：恒山衡山嵩山的文化
三山美名：三山美景与历史文化
佛教名山：佛教名山的文化流芳
道教名山：道教名山的文化流芳
天下奇山：名山奇迹与文化内涵

东部风情

燕赵悲歌：燕赵文化特色与形态
齐鲁儒风：齐鲁文化特色与形态
吴越人家：吴越文化特色与形态
两淮之风：两淮文化特色与形态
八闽魅力：福建文化特色与形态
客家风采：客家文化特色与形态
岭南灵秀：岭南文化特色与形态
潮汕之根：潮州文化特色与形态
滨海风光：琼州文化特色与形态
宝岛台湾：台湾文化特色与形态

民风根源

血缘脉系：家族家谱与家庭文化
万姓之根：姓氏与名字号及称谓
生之由来：生庚生肖与寿诞礼俗
婚事礼俗：嫁娶礼俗与结婚喜庆
人生遵俗：人生处世与礼俗文化
幸福美满：福禄寿喜与五福临门
礼仪之邦：古代礼制与礼仪文化
祭祀庆典：传统祭典与祭祀礼俗
山水相依：依山傍水的居住文化

汉语之魂

汉语源流：汉字汉语与文章体类
文学经典：文学评论与作品选集
古老哲学：哲学流派与经典著作
史册汗青：历史典籍与文化内涵
统御之道：政论专著与文化内涵
兵家韬略：兵法谋略与文化内涵
文苑集成：古代文献与经典专著
经传宝典：古代经传与文化内涵
曲苑音坛：曲艺说唱项目与艺术
曲艺奇葩：曲艺伴奏项目与艺术

自然遗产

天地厚礼：中国的世界自然遗产
地理恩赐：地质蕴含之美与价值
绝美景色：国家综合自然风景区
地质奇观：国家自然地质风景区
无限美景：国家自然山水风景区
自然名胜：国家自然名胜风景区
天然生态：国家综合自然保护区
动物乐园：国家动物自然保护区
植物王国：国家保护的野生植物
森林景观：国家森林公园大博览

中部之魂

三晋大地：三晋文化特色与形态
华夏之中：中原文化特色与形态
陈楚风韵：陈楚文化特色与形态
地方显学：徽州文化特色与形态
形胜之区：江西文化特色与形态
淳朴湖湘：湖湘文化特色与形态
神秘湘西：湘西文化特色与形态
瑰丽楚地：荆楚文化特色与形态
秦淮画卷：秦淮文化特色与形态
冰雪关东：关东文化特色与形态

衣食天下

衣冠楚楚：服装艺术与文化内涵
凤冠霞帔：佩饰艺术与文化内涵
丝绸锦缎：古代纺织精品与布艺
绣美中华：刺绣文化与四大名绣
以食为天：饮食历史与筷子文化
美食中国：八大菜系与文化内涵
中国酒道：酒历史酒文化的特色
酒香千年：酿酒遗址与传统名酒
茶道风雅：茶历史茶文化的特色

博大文学

神话魅力：神话传说与文化内涵
民间相传：民间传说与文化内涵
英雄赞歌：四大英雄史诗与内涵
灿烂散文：散文历史与艺术特色
诗的国度：诗的历史与艺术特色
词苑漫步：词的历史与艺术特色
散曲奇葩：散曲历史与艺术特色
小说源流：小说历史与艺术特色
小说经典：著名古典小说的魅力

歌舞共娱

古乐流芳：古代音乐历史与文化
钧天广乐：古代十大名曲与内涵
八音古乐：古代乐器与演奏艺术
鸾歌凤舞：古代大曲历史与艺术
妙舞长空：舞蹈历史与文化内涵
体育古项：体育运动与古老项目
民俗娱乐：民俗运动与古老项目
刀光剑影：器械武术种类与文化
快乐游艺：古老游艺与文化内涵
开心棋牌：棋牌文化与古老项目

科技回眸

创始发明：四大发明与历史价值
科技首创：万物探索与发明发现
天文回望：天文历史与天文科技
万年历法：古代历法与岁时文化
地理探究：地学历史与地理科技
数学史鉴：数学历史与数学成就
物理源流：物理历史与物理科技
化学历程：化学历史与化学科技
农学春秋：农学历史与农业科技
生物寻古：生物历史与生物科技

文化标记

龙凤图腾：龙凤崇拜与舞龙舞狮
吉祥如意：吉祥物品与文化内涵
花中四君：梅兰竹菊与文化内涵
草木有情：草木美誉与文化象征
雕塑之韵：雕塑历史与艺术内涵
壁画遗韵：古代壁画与古墓丹青
雕刻精工：竹木骨牙角匏与工艺
百年老号：百年企业与文化传统
特色之乡：文化之乡与文化内涵

杰出人物

文韬武略：杰出帝王与励精图治
千古忠良：千古贤臣与爱国爱民
将帅传奇：将帅风云与文韬武略
思想宗师：先贤思想与智慧精华
科学鼻祖：科学精英与求索发现
发明巨匠：发明天工与创造英才
文坛泰斗：文学大家与传世经典
诗神巨星：天才诗人与妙笔华篇
画界巨擘：绘画名家与绝代精品
艺术大家：艺术大师与杰出之作

戏苑杂谈

梨园春秋：中国戏曲历史与文化
古戏经典：四大古典悲剧与喜剧
关东曲苑：东北戏曲种类与艺术
京津大戏：北京与天津戏曲艺术
燕赵戏苑：河北戏曲种类与艺术
三秦戏苑：陕西戏曲种类与艺术
齐鲁戏台：山东戏曲种类与艺术
中原曲苑：河南戏曲种类与艺术
江淮戏话：安徽戏曲种类与艺术

千秋教化

教育之本：历代官学与民风教化
文武科举：科举历史与选拔制度
教化于民：太学文化与私塾文化
官学盛况：国子监与学宫的教育
朗朗书院：书院文化与教育特色
君子之学：琴棋书画与六艺课目
启蒙经典：家教蒙学与文化内涵
文房四宝：纸笔墨砚及文化内涵
刻印时代：古籍历史与文化内涵
金石之光：篆刻艺术与印章碑石

悠久历史

古往今来：历代更替与王朝千秋
天下一统：历代统一与行动韬略
太平盛世：历代盛世与开明之治
变法图强：历代变法与图强革新
古代外交：历代外交与文化交流
选贤任能：历代官制与选拔制度
法治天下：历代法制与公正严明
古代税赋：历代赋税与劳役制度
三农史志：历代农业与土地制度
古代户籍：历代区划与户籍制度

信仰之光

儒学根源：儒学历史与文化内涵
文化主体：天人合一的思想内涵
处世之道：传统儒家的修行法宝
上善若水：道教历史与道教文化

梨园谱系

苏沪大戏：江苏上海戏曲与艺术
钱塘戏话：浙江戏曲种类与艺术
荆楚戏台：湖北戏曲种类与艺术
潇湘梨园：湖南戏曲种类与艺术
滇黔好戏：云南贵州戏曲与艺术
八桂梨园：广西戏曲种类与艺术
闽台戏苑：福建戏曲种类与艺术
粤琼戏话：广东戏曲种类与艺术
赣江好戏：江西戏曲种类与艺术

传统美德

君子之为：修身齐家治国平天下
刚健有为：自强不息与勇毅力行
仁爱孝悌：传统美德的集中体现
谦和好礼：为人处世的美好情操
诚信知报：质朴道德的重要表现
精忠报国：民族精神的巨大力量
克己奉公：强烈使命感和责任感
见利思义：崇高人格的光辉写照
勤俭廉政：民族的共同价值取向
笃实宽厚：宽厚品德的生活体现

历史长河

兵器阵法：历代军事与兵器阵法
战事演义：历代战争与著名战役
货币历程：历代货币与钱币形式
金融形态：历代金融与货币流通
交通巡礼：历代交通与水陆运输
商贸纵观：历代商业与市场经济
印纺工业：历代纺织与印染工艺
古老行业：三百六十行由来发展
养殖史话：古代畜牧与古代渔业
种植细说：古代栽培与古代园艺

强健之源

中国功夫：中华武术历史与文化
南拳北腿：武术种类与文化内涵
少林传奇：少林功夫历史与文化